COTIJA JUUSTU ARMASTUSEKS

100 viisi, kuidas nautida Cotija juustu rikkalikkust

Olga Kull

Autoriõigusega kaitstud materjal ©2024

Kõik õigused kaitstud

Ühtegi selle raamatu osa ei tohi mingil kujul ega vahenditega kasutada ega edastada ilma kirjastaja ja autoriõiguse omaniku nõuetekohase kirjaliku nõusolekuta, välja arvatud ülevaates kasutatud lühikesed tsitaadid. Seda raamatut ei tohiks pidada meditsiiniliste, juriidiliste või muude professionaalsete nõuannete asendajaks.

SISUKORD

SISUKORD 3
SISSEJUHATUS 6
HOMMIKUSÖÖK 7
   1. Munad karjakasvatajad 8
   2. Musta oa ja muna pajaroog 10
   3. Cotija ja oliivipannkoogid 12
   4. Spinati ja Cotija vahvlid 14
   5. Cotija ja päikesekuivatatud tomatite sufleeomlett 16
   6. Krevettide ja spinati omlett 18
   7. Spinat , muna ja Cotija Ravioli 20
   8. Ravioolide ja spinatipuder 22
   9. Spinat ja Cotija sarvesaiad 24
   10. Mint ja Cotija Omlett 26
   11. Päikesekuivatatud tomati ja Cotija hommikusöögikauss 28
   12. Spinat ja Cotija söörikud 30
   13. Muna ja artišoki kiht 32
SUUPÄID JA SUUPÖÖD 34
   14. Mehhiko tänava maisiratas 35
   15. Kartulipesad mikrorohelistega 37
   16. Mehhiko tänava maisifriikartulid 39
   17. Elotes Asados röstitud küüslauguvõiga 41
   18. Brokkoli pallid 43
   19. Tossis Elotes 45
   20. Tursk, ahi ja Cotija ceviche 47
   21. Suitsutatud kammkarbid seeneкübarates 49
   22. Grillitud Polenta väljakud 51
   23. Cilantro Lime Mais Galette 53
   24. Spargel ja Cotija suupisted 55
   25. Oliivi- ja Cotija pallid 57
   26. Spinat ja Cotija Pinwheels 59
   27. Mint ja Cotija Bruschetta 61
   28. Mündi ja Cotija täidisega paprika 63
   29. Päikesekuivatatud tomati ja Cotija juustu dipikaste 65
   30. Riis, baklažaan ja Cotija fritüürid 67
   31. Draakoni puuviliBruschetta 70
   32. Bruschetta oliivist 72
   33. Spinat ja Cotija Wonton Quiches 74
   34. Röstitud punapeet Cotija ja Dukkah'ga 76

VÕILEIB, BURGERID JA ÜHENDID **78**
  35. Jalapeño Türgi burgerid Cotija Salsaga 79
  36. Söestunud köögiviljade ja ubade tostadad 82
  37. Šveitsi mangold Cotija Empanadas 85
  38. Pita, Pesto ja Parmesan 88
  39. Päikesekuivatatud tomati ja Cotija Mähis 90
  40. Kreeka kalkuni burgerid 92
  41. Vahemere köögivili 94
  42. Grillitud kana ja Cotija salativõileib 96
  43. Vahemere Portobello seeneburger 98
  44. Cotija ja spinati täidisega Portobello seeneburger 100
  45. Kreeka kana pita 102
  46. Cotija ja spinati täidisega kalkuniburger 104
  47. Caprese kana mähis 106
  48. Cotija ja spinati täidisega kanarinna võileib 108

PÕHIROOG **110**
  49. Frijoles Puercos koos Chorizo ja Atúniga 111
  50. Ember-röstitud tammetõrukõrvits söestunud poblanodega 114
  51. Mutt Chilaquiles roheliste ja ubadega 116
  52. Edela-stiilis juustulihakook 119
  53. Nelja juustu lasanje 121
  54. Liibanoni stiilis potipirukas 123
  55. Cotija ja Oliivi Lasanje 125
  56. Basiilik Puttanesca rannakarbid 127
  57. Päikesekuivatatud tomati ja spinati täidisega kana 129
  58. Päikesekuivatatud tomat ja Cotija Portobello s 131
  59. Tuunikalapäts päikesekuivatatud tomatite ja Cotijaga 133

SUPID **135**
  60. Tlapani moodi supp 136
  61. Tomati ja Cotija supp 138
  62. Brokkoli mikroroheline supp Cotijaga 140
  63. Spinat ja Cotija Mac ja juustusupp 142
  64. Spinati ja Cotija supp 144
  65. Röstitud punase pipra ja Cotija supp 146
  66. Läätse ja Cotija supp 148

SALATID **150**
  67. Grillitud Romaine Ensalada Caesar con Miso 151
  68. Arbuusisalat Cotija ja Serranoga 154
  69. Pinto oa, ancho ja veiseliha salat 156
  70. Tomatisalat grillleivaga 158
  71. Vahemere gnocchi salat 160
  72. Spinati ja Cotija Gnocchi salat 162
  73. Spargli ja kinoa salat 164

74. HOMAARI , COTIJA JA RAVIOOLI SALAT 166
75. PUU-AHJU CAESARI SALAT 168
76. HIBISCUS QUINOA SALAT 170
77. ARBUUS REDISE MIKROROHELISED SALATIGA 172
78. MINTY ARBUUSI SALAT 174
79. MÜNDI JA APELSINI SALAT 176
80. PÄIKESEKUIVATATUD TOMATI JA COTIJA SALAT 178
81. GRILLITUD ARBUUSISALAT 180
82. GRILLITUD VIRSIKU JA RUKOLA SALAT 182
83. DRAAKONI PUUVILJADE JA KINOA SALAT 184
84. AMARETTO MAASIKASALAT 186
85. PETERSELLI-KURGI SALAT COTIJAGA 188
86. SÜGISALAT GOJI MARJADEGA 190

MAGUSTOIT 192
87. SERRANO JA COTIJA FLAN 193
88. COTIJA JUUSTUKOOK MANGO COULISEGA 195
89. COTIJA JÄÄTIS KARAMELLISEERITUD ANANASSIGA 197
90. COTIJA JA FIG TART 199
91. SPINAT JA COTIJA PUFFS 201
92. COTIJA & RICOTTA JUUSTU FONDÜÜ 203
93. ÜRDIPIRUKAS 205
94. BUREKAS 208
95. VAHEMERE JUUSTUTORT 211

MAITSED JA KÜLJED 214
96. LAADITUD KREEKA FRIIKARTULID 215
97. JERUUSALEMMA ARTIŠOKK GRANAATÕUNAGA 217
98. JUUSTUNE ARTIŠOKI PESTO 219
99. SPINAT JA KARTULID 221
100. KÕRVITSASEEMNETE PESTOKASTE 223

KOKKUVÕTE 225

SISSEJUHATUS

Tere tulemast saatesse "Cotija juustu armastuse eest: 100 viisi Cotija juustu rikkuse nautimiseks" – kutse alustada kulinaarset teekonda, millega tähistatakse ühe Mehhiko armastatuima juustu vastupandamatut võlu.

Oma mureneva tekstuuri ja jõulise maitsega Cotija juustul on kogu maailmas toiduhuviliste südames eriline koht. Olenemata sellest, kas see on purustatud tacode peal, puistatud salatite peale või sulatatud soolasteks roogadeks, lisab Cotija juust ainulaadset rikkalikkust ja maitsesügavust, mis tõstab iga eine uutesse kõrgustesse.

Selles kokaraamatus avaldame austust Cotija juustu mitmekülgsusele ja maitsvale 100-st suussulavast retseptist koosneva kogumikuga. Alates eelroogadest, mis äratavad teie maitsemeeli, kuni pearoogadeni, mis rahuldavad teie nälga, ja isegi magustoitudeni, mis jätavad teid rohkem isutama – iga roog toob esile Cotija juustu ainulaadsed omadused kogu selle hiilguses.

Olenemata sellest, kas olete aastatepikkuse kogemusega kokk või kodukokk, kes soovib uusi maitseid katsetada, leiate nendelt lehtedelt midagi igaühele. Iga retsept on hoolikalt välja töötatud, et tuua esile Cotija juustu eriline maitse ja tekstuur, tagades, et iga suutäis tähistab selle rikkalikku ja kreemjat headust.

Seega pühkige põllelt tolm, teritage noad ja valmistuge uurima Cotija juustu lõputuid võimalusi. Olenemata sellest, kas korraldate pidulikku koosviibimist sõpradega või valmistate perele hubast einet, olgu "Cotija juustu armastuse eest" teie kulinaarsete naudingute teejuht.

Valmistuge oma maitsemeelte ahvatlemiseks, loovuse sütitamiseks ja Cotija juustusse uuesti armumiseks. Sukeldume koos ja avastame 100 viisi, kuidas Cotija juustu rikkalikkust nautida!

HOMMIKUSÖÖK

1.Munad karjakasvatajad

KOOSTISOSAD:
- ½ purki (7 untsi) purustatud tomateid
- ½ väikest kollast sibulat, hakitud 2 küüslauguküünt, hakitud
- ¼ tl kuivatatud oreganot
- ¼ tl jahvatatud köömneid
- ½ laimi mahl
- 1 konserveeritud chipotle adobo tšiili, hakitud
- ½ purki praetud ube
- 6 muna
- 6 maisi tortillat
- ¼ tassi värsket koriandrit, hakitud
- ½ tassi murendatud kodujuustu või riivitud Monterey Jacki

JUHISED:
a) Eelsoojendage veevann temperatuurini 147 °F.
b) Kombineerige kotis tomatid, sibul, küüslauk, pune, köömned, laim ja tšilli. Tihendage veega Juhised. Valage praetud oad teise kotti ja sulgege veega. Asetage munad kolmandasse kotti ja sulgege veega.
c) Asetage kõik kolm kotti veevanni. Küpseta 2 tundi.
d) Kui teistel komponentidel on küpsemiseks jäänud 20 minutit, kuumuta tortillad pannil. Asetage 2 igale plaadile.
e) Katke tortillad salsaga, seejärel koorega munad, juust ja koriander. Serveeri koos praetud ubadega.

2.Musta oa ja muna pajaroog

KOOSTISOSAD:
- 4 suurt muna, hästi pekstud
- ½ naela mahe jahvatatud vorst
- ¼ suurt punast sibulat, hakitud
- ½ punast paprikat, tükeldatud
- ½ purki musti ube, loputatud
- ¼ tassi rohelist sibulat
- ¼ tassi jahu
- ½ tassi Cotija juustu
- ½ tassi mozzarella juustu
- Kaunistuseks hapukoor, koriander

JUHISED:
a) Lisa vorst ja sibul kiirpotti ning vali funktsioon "Sauté" ja küpseta 3 minutit.
b) Sega jahu munadega ja lisa see segu vorstidele.
c) Lisage kõik köögiviljad, juustud ja oad.
d) Kinnitage pliidi kaas ja vajutage funktsiooniklahvi "Käsitsi".
e) Seadke aeg 20 minutiks ja küpseta kõrgel rõhul.
f) Pärast piiksu vabastage rõhk loomulikult ja eemaldage kaas.
g) Eemaldage sisemine pott, asetage sellele taldrik ja keerake pott, et pajaroog taldrikule üle kanda.
h) Serveeri soojalt.

3.Cotija ja oliivipannkoogid

KOOSTISOSAD:
- 1 tass universaalset jahu
- 1 spl suhkrut
- 1 tl küpsetuspulbrit
- ½ tl söögisoodat
- ¼ teelusikatäit soola
- 1 tass petipiima
- 1 suur muna
- 2 spl sulatatud võid
- ½ tassi murendatud Cotija juustu
- ¼ tassi hakitud musti oliive

JUHISED:
a) Vahusta segamiskausis jahu, suhkur, küpsetuspulber, sooda ja sool.
b) Vahusta eraldi kausis petipiim, muna ja sulavõi.
c) Valage märjad koostisosad kuivade koostisosade hulka ja segage, kuni need on lihtsalt segunenud.
d) Voldi hulka murendatud Cotija juust ja hakitud mustad oliivid.
e) Kuumutage mittenakkuvat pann või küpsetusplaat keskmisel kuumusel ja määrige see kergelt õliga.
f) Valage iga pannkoogi jaoks pannile ¼ tassi tainast. Küpseta, kuni pinnale tekivad mullid, seejärel keerake ümber ja küpseta veel 1-2 minutit.
g) Korrake ülejäänud taignaga.
h) Serveeri pannkoogid, puista peale murendatud Cotija juustu ja hakitud oliive.

4.Spinati ja Cotija vahvlid

KOOSTISOSAD:
- 2 tassi universaalset jahu
- 2 supilusikatäit granuleeritud suhkrut
- 1 spl küpsetuspulbrit
- ½ tl soola
- 2 suurt muna
- 1¾ tassi piima
- ⅓ tassi soolata võid, sulatatud
- 1 tass värsket spinatit, hakitud
- ½ tassi murendatud Cotija juustu
- ¼ teelusikatäit küüslaugupulbrit (valikuline)
- Värskelt jahvatatud must pipar, maitse järgi

JUHISED:
a) Eelsoojendage vahvlirauda vastavalt tootja juhistele.
b) Vahusta suures segamiskausis jahu, suhkur, küpsetuspulber ja sool.
c) Eraldi kausis klopi lahti munad. Lisa juurde piim ja sulatatud või. Vahusta, kuni see on hästi segunenud.
d) Valage märjad koostisosad kuivade koostisosade hulka ja segage, kuni need on lihtsalt segunenud. Ärge segage üle; paar tükki on korras.
e) Sega taignasse tükeldatud spinat, murendatud Cotija juust, küüslaugupulber (kui kasutad) ja must pipar.
f) Määri vahvliraud kergelt küpsetusspreiga või pintselda sulavõiga.
g) Valage tainas eelsoojendatud vahvliraudale, kasutades soovitatud kogust vastavalt vahvliraua suurusele. Sulgege kaas ja küpseta, kuni vahvlid on kuldpruunid ja krõbedad.
h) Eemaldage vahvlid ettevaatlikult triikrauast ja tõstke need restile veidi jahtuma.
i) Korrake protsessi ülejäänud taignaga, kuni kõik vahvlid on küpsed.

5.Cotija ja päikesekuivatatud tomatite sufleeomlett

KOOSTISOSAD:
- 3 keskmise suurusega muna; eraldatud
- 1 spl Vesi
- 2 tl päikesekuivatatud tomatipastat
- 25 grammi võid; (1 unts)
- ½ 200 g pakk Cotija juustu; lõika väikesteks kuubikuteks
- 3 päikesekuivatatud tomatit; jämedalt hakitud
- 4 musta oliivi; lõika neljandikku
- 15 grammi värsket basiilikut; jämedalt hakitud
- Sool ja värskelt jahvatatud must pipar

JUHISED:
a) Sega munakollased ja vesi. Vahusta valged heledaks ja vahuks ning sega munakollastega. Sega juurde tomatipasta.
b) Kuumuta võid pannil kuumaks. Vala hulka munasegu ja lase küpseda, kuni ülaserv on kõva ja keskelt pehme.
c) Aseta juust, päikesekuivatatud tomatid, oliivid, värske basiilik ja maitseained omleti ühele poolele ning keera teine pool kaaneks kokku.
d) Tõsta taldrikule ja serveeri kohe.

6.Krevettide ja spinati omlett

KOOSTISOSAD:
- 4 suurt muna
- 1/2 tassi keedetud krevette, kooritud ja tükeldatud
- 1 tass värskeid spinati lehti
- 1/4 tassi murendatud Cotija juustu
- Sool ja pipar maitse järgi
- 1 spl oliiviõli

JUHISED:
a) Klopi kausis lahti munad ning maitsesta soola ja pipraga.
b) Kuumuta oliiviõli pannil keskmisel kuumusel.
c) Lisa pannile spinatilehed ja küpseta, kuni need närbuvad.
d) Lisage keedetud krevetid pannile ja küpseta veel minut.
e) Valage lahtiklopitud munad pannile, veendudes, et need katavad krevetid ja spinat ühtlaselt.
f) Lase omletil mõni minut segamatult küpseda, kuni see hakkab tarduma.
g) Tõstke spaatliga õrnalt omleti servad üles ja kallutage pann, et keetmata munad äärtele valguks.
h) Puista pool omletist peale murendatud Cotija juustu.
i) Jätkake küpsetamist, kuni omlett on tahenenud, kuid keskelt veel veidi vedel.
j) Murra omlett ettevaatlikult pooleks ja tõsta taldrikule.
k) Serveeri kuumalt.

7.Spinat , muna ja Cotija Ravioli

KOOSTISOSAD:
- 1 pakk raviooli ümbriseid
- 2 tassi värsket spinatit, hakitud
- ½ tassi murendatud Cotija juustu
- 2 küüslauguküünt, hakitud
- 1 spl oliiviõli
- Sool ja pipar maitse järgi
- Pošeeritud munad (valikuline)

JUHISED:
a) Kuumuta pannil oliiviõli keskmisel kuumusel. Lisa hakitud küüslauk ja prae minut aega, kuni see lõhnab.
b) Lisa pannile tükeldatud spinat ja küpseta, kuni see närbub. Maitsesta soola ja pipraga.
c) Tõsta pann tulelt ja lase spinatisegul veidi jahtuda. Sega hulka murendatud Cotija juust.
d) Asetage lusikatäis spinati ja Cotija segu ravioolide ümbrisele. Voldi ümbris ümber ja suru servad kinni.
e) Korrake protsessi ülejäänud ümbriste ja täidisega.
f) Küpseta ravioolid vastavalt pakendi juhistele või kuni need pinnale ujuvad.
g) Serveeri soovi korral spinatit ja Cotija hommikusöögiravioolid, mille peal on pošeeritud munad.

8.Ravioolide ja spinatipuder

KOOSTISOSAD:
- 1 pakk juustu- või spinatiraviooli
- 6 muna, lahtiklopitud
- 1 tass värskeid spinati lehti
- ¼ tassi kuubikuteks lõigatud tomateid
- ¼ tassi murendatud Cotija juustu
- Sool ja pipar maitse järgi

JUHISED:
a) Küpseta ravioolid vastavalt pakendi juhistele. Nõruta ja tõsta kõrvale.
b) Vahusta pannil keskmisel kuumusel munad.
c) Lisa pannile keedetud ravioolid, värsked spinatilehed, tükeldatud tomatid ja murendatud Cotija juust.
d) Maitsesta soola ja pipraga.
e) Jätkake küpsetamist ja segamist, kuni spinat närbub ja koostisosad on hästi segunenud.
f) Serveeri ravioolid ja spinatipuder kuumalt.

9. Spinat ja Cotija sarvesaiad

KOOSTISOSAD:
- Põhiline sarvesaia tainas
- 1 tass värsket spinatit, hakitud
- 1/2 tassi murendatud Cotija juustu
- 1 muna lahtiklopitud 1 spl veega

JUHISED:
a) Rulli sarvesaia tainas suureks ristkülikuks.
b) Lõika tainas kolmnurkadeks.
c) Aseta igale kolmnurgale tükeldatud spinat ja murendatud Cotija juust.
d) Rulli iga kolmnurk üles, alustades laiast otsast, ja vormi poolkuuks.
e) Aseta sarvesaiad vooderdatud ahjuplaadile ja lase 1 tund kerkida.
f) Kuumuta ahi temperatuurini 400 °F (200 °C) ja pintselda sarvesaiad munapesuga.
g) Küpseta sarvesaiu 20-25 minutit, kuni need on kuldpruunid ja juust sulanud.

10. Mint ja Cotija Omlett

KOOSTISOSAD:
- 2 muna
- 1 spl võid
- 1 spl murendatud Cotija juustu
- 1 spl hakitud värskeid piparmündi lehti
- Sool ja pipar maitse järgi

JUHISED:
a) Vahusta väikeses kausis munad, sool ja pipar.
b) Sulata või mittenakkuval pannil keskmisel kuumusel.
c) Vala munasegu pannile ja keera põhja katteks.
d) Küpseta 2-3 minutit või kuni põhi on tahenenud.
e) Puista poolele omletile Cotija juustu ja piparmündilehti.
f) Murra spaatliga teine pool omletist täidise peale.
g) Küpseta veel 1-2 minutit või kuni juust on sulanud ja muna läbi küpsenud.
h) Serveeri kohe ja naudi!

11. Päikesekuivatatud tomati ja Cotija hommikusöögikauss

KOOSTISOSAD:
- 1 tass keedetud kinoat
- 2 muna
- ¼ tassi murendatud Cotija juustu
- 2 spl tükeldatud päikesekuivatatud tomateid
- Sool ja pipar maitse järgi

JUHISED:
a) Vahusta kausis munad soola ja pipraga.
b) Kuumuta mittenakkuva pann keskmisel kuumusel.
c) Vala munad pannile ja küpseta vahukooreni.
d) Sega eraldi kausis kinoa, Cotija juust ja päikesekuivatatud tomatid.
e) Tõsta lusikaga munapuder kinoa segu peale.

12.Spinat ja Cotija sõõrikud

KOOSTISOSAD:
- 1 tass universaalset jahu
- ½ tassi täistera nisujahu
- ½ tassi hakitud värsket spinatit
- ½ tassi murendatud Cotija juustu
- ⅓ tassi piima
- ⅓ tassi tavalist kreeka jogurtit
- ¼ tassi oliiviõli
- 1 tl küpsetuspulbrit
- ½ tl söögisoodat
- ¼ teelusikatäit soola
- 2 küüslauguküünt, hakitud
- ¼ tl musta pipart

JUHISED:
a) Kuumuta ahi temperatuurini 350 °F (180 °C).
b) Vahusta suures kausis jahud, küpsetuspulber, sooda, sool ja must pipar.
c) Teises kausis sega omavahel hakitud spinat, murendatud Cotija juust, piim, kreeka jogurt, oliiviõli, hakitud küüslauk.
d) Lisa märjad koostisosad kuivadele koostisosadele ja sega ühtlaseks massiks.
e) Tõsta tainas lusikaga määritud sõõrikuvormi ja küpseta 12–15 minutit või kuni keskele torgatud hambaork tuleb puhtana välja.
f) Lase pannil 5 minutit jahtuda, enne kui tõstad restile täielikult jahtuma.

13. Muna ja artišoki kiht

KOOSTISOSAD:
- 1 supilusikatäis ekstra neitsioliiviõli
- 1 keskmine kollane sibul, hakitud
- 8 untsi külmutatud hakitud spinatit
- ½ tassi päikesekuivatatud tomateid, nõrutatud ja jämedalt tükeldatud
- 14-untsine purk artišokisüdameid, nõrutatud ja neljaks lõigatud
- 2 ½ pakitud tassi kuubikuteks lõigatud baguette
- Sool ja must pipar maitse järgi
- ⅔ tassi Cotija juustu, murendatud
- 8 muna
- 1 tass piima
- 1 tass kodujuustu
- 2 supilusikatäit hakitud värsket basiilikut
- 3 supilusikatäit riivitud parmesani juustu

JUHISED:
a) Kuumuta ahi temperatuurini 350 F.
b) Kuumuta suurel malmpannil keskmisel kuumusel oliiviõli. Lisa ja hauta sibulat 3 minutit või kuni see on pehme.
c) Sega juurde spinat ja küpseta, kuni see on sulanud ja suurem osa vedelikust on ära aurustunud. Lülitage kuumus välja.
d) Segage päikesekuivatatud tomatid, artišokisüdamed ja baguette, kuni see on hästi jaotatud. Maitsesta soola ja musta pipraga ning puista peale Cotija juust peal; kõrvale panema.
e) Vahusta keskmises kausis munad, piim, kodujuust ja basiilik. Vala segage spinatiseguga ja koputage lusikaga õrnalt muna jaoks segage hästi jaotumiseks. Puista peale parmesani juust.
f) Tõsta pann ahju ja küpseta 35–45 minutit või kuni see on kuldne pealt pruun ja munad seatud.
g) Eemaldage pann; viiluta kihid viiludeks ja serveeri soojalt.

SUUPÄID JA SUUPÖÖD

14.Mehhiko tänava maisiratas

KOOSTISOSAD:
- 8 untsi toorjuustu, pehmendatud
- ½ tassi majoneesi
- ⅓ tassi hapukoort
- 1 spl värsket peterselli, hakitud
- 1 jalapeno, tükeldatud
- 4 rohelist sibulat, viilutatud
- mahl ühest laimist
- 2 tl tšillipulbrit
- 2 ½ tassi söestunud maisiterad
- 1 tass Cotija juustu
- 4 suurt jahutortillat

JUHISED:
a) Sega keskmises kausis segistiga toorjuust, majonees ja hapukoor ühtlaseks ja kreemjaks.
b) Lisa petersell, jalapeno, roheline sibul, laimimahl, tšillipulber, maisiterad ja Cotija juust. Segage, et segu täielikult seguneks.
c) Jaotage segu ühtlaselt jahutortiljadele, umbes ½ tolli servadest.
d) Rulli tortilla kokku ja mässi kilesse. Aseta pakitud tortilla vähemalt üheks tunniks külmkappi. Kasutage sakilise nuga, et rull ratasteks lõigata.

15. Kartulipesad mikrorohelistega

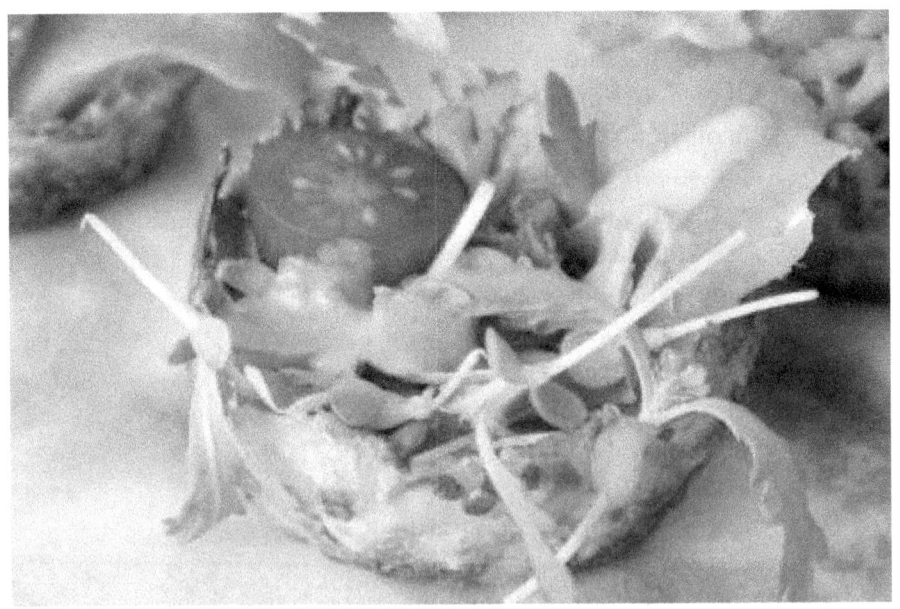

KOOSTISOSAD:
KARTULIPESAD:
- 1 küüslauguküüs, hakitud
- ½ sibulat, hakitud
- 1 spl võid, pehmendatud
- 1 spl oliiviõli
- 1 nael Yukoni kartulit, kooritud ja tükeldatud
- 9 untsi Cotija juustu, purustatud

CHIPOTLE RIIDEMINE:
- 1 chipotle adobos + 2 spl adobo kastet
- 1 küüslauguküüs
- 1 tass madala rasvasisaldusega hapukoort
- 1 võtmelaim, mahl
- ⅛ teelusikatäit kanapuljongipulbrit

TÄIDISED:
- 6 viinamarjatomatit, poolitatud
- 2 tassi redise idud
- 2 untsi suitsulõhet, viilutatud

JUHISED:
KARTULIPESAD:
a) Kuumuta ahi 350 ° F-ni.
b) Määri 12-tassiline muffinivorm ohtralt võiga.
c) Prae sibulat ja küüslauku keskmisel kuumusel pannil õlis 10 minutit.
d) Sega hulka rebitud kartulid ja Cotija juust ning küpseta 7 minutit.
e) Pane segu lusikaga alla vajutades muffinitopsidesse.
f) Küpseta 30 minutit kuni kuldpruunini.

CHIPOTLE RIIDEMINE:
g) Blenderda kõik kastme koostisosad ühtlaseks massiks.
h) Hoia kasutusvalmis külmkapis.

SERVEERIMA
i) Asetage kartulipesad taldrikule ja valage peale tomatipoolik, suitsulõhe, mikrorohelised ja chipotle-kaste.
j) Nautige.

16. Mehhiko tänava maisifriikartulid

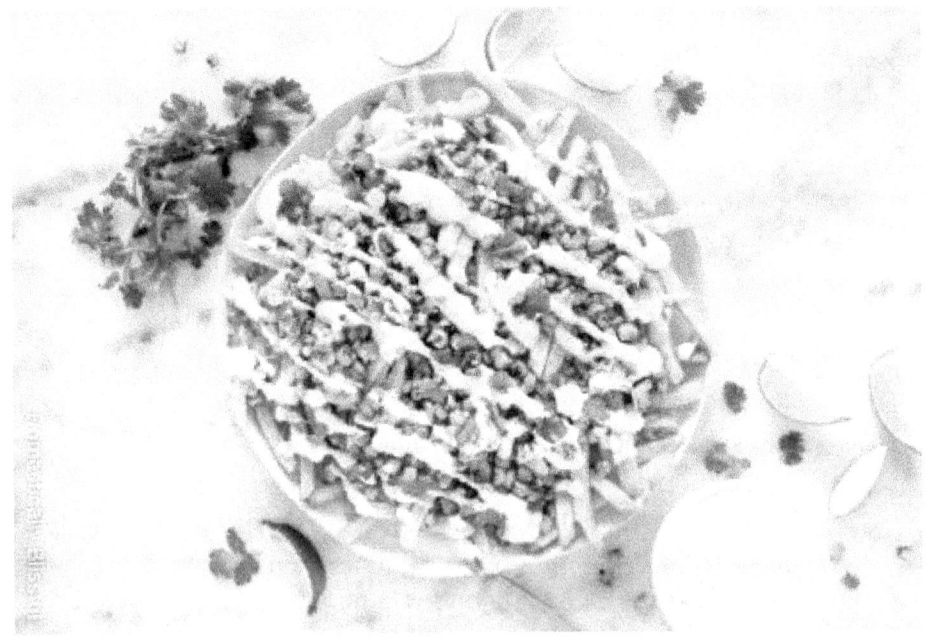

KOOSTISOSAD:

- 4 suurt kartulit, lõigatud friikartuliteks
- 2 spl oliiviõli
- ¼ tassi majoneesi
- ¼ tassi hapukoort
- ¼ tassi murendatud kodujuustu
- ¼ tassi hakitud värsket koriandrit
- 1 tl tšillipulbrit
- Laimiviilud (serveerimiseks)
- Soola maitse järgi

JUHISED:

a) Kuumuta ahi temperatuurini 425 °F (220 °C) ja vooderda küpsetusplaat küpsetuspaberiga.
b) Viska suures kausis friikartulid oliiviõli ja soolaga.
c) Laota friikartulid ühe kihina küpsetuspaberiga kaetud ahjuplaadile ja küpseta 25-30 minutit või kuni need on krõbedad.
d) Sega väikeses kausis majonees ja hapukoor.
e) Võta friikartulid ahjust välja ja puista peale murendatud kodujuustu, hakitud koriandrit ja tšillipulbrit.
f) Nirista majoneesi-hapukoore segu friikartulitele.
g) Pigista peale laimimahl ja serveeri kuumalt koos laimiviiludega.

17.Elotes Asados röstitud küüslauguvõiga

KOOSTISOSAD:
- 1 pea küüslauk, kooritakse peale, lõigatakse risti pooleks
- 1 spl soolata võid
- 4 maisi kõrva, kestad peal
- 1 tass (240 ml) majoneesi
- 1 tl jahvatatud koriandrit
- ½ tl meresoola
- 1 spl värsket laimimahla
- ½ tassi (60 g) purustatud cotija
- 2 spl piquin tšilli pulbrit või ancho chili pulbrit

JUHISED:
a) Käivitage söe- või gaasigrill. Gaas tuleks seada kõrgele. Kui kasutate pelletigrilli, eelsoojendage grill vähemalt 15 minutiks temperatuurini 425 °F (220 °C). Süsi kasutamisel peaksid söed olema punased, kuid üleni halli tuhaga kaetud.
b) Asetage küüslauk ruudukujulisele alumiiniumfooliumilehele, pintseldage võiga ja keerake tihedalt kokku.
c) Asetage mais ja pakitud küüslauk otse grillile. Grilli küüslauku segamatult umbes 40 minutit. Grilli maisi umbes 45 minutit, keerake üks kord ümber. Eemaldage mõlemad grillilt.
d) Sega kausis majonees, koriander, sool ja laimimahl. Lisage röstitud küüslaugu viljaliha, pigistades pead, nagu pigistaksite laimi. Sega segamiseks.
e) Tõmmake kestad ülevalt alla tagasi. Määri küüslaugumajonees pintsliga üle iga kõrva ja puista kodujuust üle kogu majoneesi.
f) Lõpeta jahvatatud tšilliga ümberringi. Serveeri tervelt või lõika iga maisitõlvik kolmandikuks.

18. Brokkoli pallid

KOOSTISOSAD:
- 1 pea brokoli, purustatud õisikuteks
- 1/2 tassi Añejo juustu, hakitud
- 1 ½ tassi Cotija juustu, purustatud
- 3 untsi Ricotta juustu, lõigatud väikesteks tükkideks
- 1 tl tšillipipra helbeid

Juhised
a) Lisage kiirpotti 1 tass vett ja auruti korv.
b) Asetage brokoli õisikud auruti korvi.
c) Kinnitage kaas. Valige režiim "Käsitsi" ja madal rõhk; küpseta 5 minutit. Kui toiduvalmistamine on lõppenud, kasutage kiiret rõhuvabastust; eemaldage kaas ettevaatlikult.
d) Lisa brokoliõisikud koos ülejäänud koostisosadega köögikombaini. Töötle, kuni kõik on hästi segunenud.
e) Vormi segust pallid ja aseta pallid küpsetuspaberiga kaetud ahjuplaadile. Küpseta eelkuumutatud ahjus 390 kraadi F juures 15 minutit. Head isu!

19. Tossis Elotes

KOOSTISOSAD:
- 5 kõrvaga valget maisi, riivitud ja poolitatud risti
- 1 poblano tšilli (3½ untsi/100 g), südamikud, varred ja seemned eemaldatud, pooleks lõigatud
- ⅓ tassi (75 ml) värsket sidrunimahla
- ½ tassi (120 ml) oliiviõli
- 2 spl šampanjaäädikat
- 1 tl roosuhkrut
- ½ tl jahvatatud köömneid
- ¼ tl peeneks hakitud küüslauku
- 1 spl pluss 1 tl täistera sinepit
- 2 tl meresoola
- 1 tl Cayenne'i pipart

GARNISEERIMISEKS:
- ½ tassi (15 g) jämedalt hakitud värsket peterselli
- ½ tassi (60 g) purustatud värsket cotija

JUHISED:
a) Käivitage söe- või gaasigrill. Gaas tuleks seada kõrgele. Kui kasutate pelletigrilli, eelsoojendage grill vähemalt 15 minutiks temperatuurini 425 °F (220 °C). Süsi kasutamisel peaksid söed olema punased, kuid üleni halli tuhaga kaetud.
b) Asetage mais ja poblano otse grillile. Grilli neid umbes 20 minutit, pidevalt ümber keerates, kuni need on söestunud. Eemalda grillilt. Lisage segistis röstitud poblano, sidrunimahl, oliiviõli, äädikas, suhkur, köömned, küüslauk, sinep, sool ja Cayenne. Blenderda ühtlaseks.
c) Eemaldage maisitõlvikud, tõstes maisitõlviku püsti ja raseerides need kokanoaga ettevaatlikult ülalt alla. Pöörake maisitõlvikut, et raseerida kindlasti kõik maisi küljed.
d) Viska mais üle poblano kastmega. Lisa salat hakitud peterselli ja värske cotijaga.
e) Seda visatud elote saab teha kuni 5 tundi ette.

20. Tursk, ahi ja Cotija ceviche

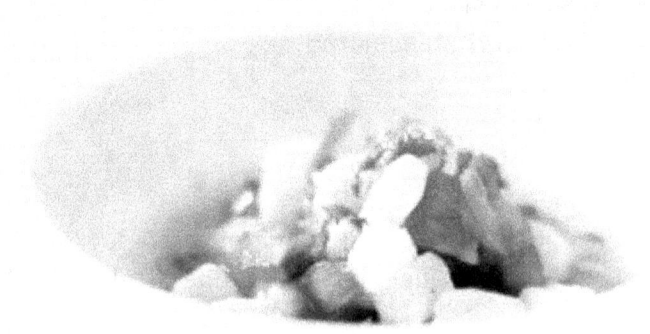

KOOSTISOSAD:
- 1 hea suur punane sibul, peeneks hakitud
- 3 LG jalapeñot, seemnetega ja hakitud
- 2 kollast poiss-tomatit, tükeldatud
- 2 Brandywine tomatit, tükeldatud
- ¾ naela 51–60 count keedetud krevetid kooritud ja sabad ära
- 2 spl hakitud küüslauku
- 1 hunnik koriandrit, tükeldatud
- 1 tl köömneid
- 1 tl tšillipulbrit
- 2 spl koššersoola maitse järgi
- 4 suure laimi mahl
- 1 ½ naela. molva tursk, lõigatud hammustuse suurusteks tükkideks
- 4 untsi ahi tuunikala filee, lõigatud suupärasteks tükkideks

TÄIDISED
- Tükeldatud cheddari juust
- Riivitud kodujuust
- Kuum kaste
- Tostada kestad

JUHISED:
a) Sega kausis mõlemat tüüpi kala ja laimimahl. Tõsta pooleks tunniks külmkappi. Sega sageli
b) Kombineerige ülejäänud koostisosad, välja arvatud lisandid, teises suures kausis. Sega põhjalikult.
c) Poole tunni pärast peaks kala olema läbipaistmatu. Sega teise kaussi, kaasa arvatud mahl. Sega põhjalikult. Tõsta pooleks tunniks külmkappi.
d) Sega uuesti korralikult läbi. Plaat tostada kest. Top ceviche'iga. Lisa cheddar ja cotija. Nirista üle kuuma kastmega. Serveeri kohe. Nautige.

21. Suitsutatud kammkarbid seenekübarates

KOOSTISOSAD:
- 6 kuni 8 maisikestade lehte
- 16 suurt merikammkarpi
- 16 suurt seenekübarat
- Oliiviõli, pesimiseks

KASTE:
- ¼ valget sibulat, hakitud
- ½ Aji paprikat, tükeldatud
- 1 spl Oliiviõli
- 1½ untsi Aurutatud piim
- 1½ tassi vahukoort
- ¼ tassi kuiva šerrit
- ½ tassi Cotija juustu
- 1½ supilusikatäit maisitärklist

JUHISED:
a) Asetage maisikestad suitsuahju põhja ja lisage pannile väike kogus vett.
b) Pannil asetage kammkarbid grillile ja suitsutage kõrgel kuumusel umbes 4 minutit.
c) Määri seenemütsid oliiviõli või Chimichurri kastmega.
d) Grilli kaks minutit.

Kaste:
e) Prae väikesel pannil oliiviõlis sibul ja pipar.
f) Lülitage segistile.
g) Lisa aurutatud piim ja vahukoor; sega hästi
h) Valage vedelik läbi peene sõela ja pange pannile. Lisa kuiv šerri ja Cotija juust. Kuumuta mõõdukal kuumusel kuni väga soojaks
i) Sega paksendamiseks järk-järgult sisse maisitärklis. Kurna kaste läbi peene silmaga sõela.
j) Määri iga taldrik kastmega. Asetage suitsutatud kammkarp seenekübara sisse ja asetage 2 igale taldrikule.

22.Grillitud Polenta väljakud

KOOSTISOSAD:
- 2 küüslauguküünt; peeneks hakitud
- ¼ teelusikatäit musta pipart
- 2 tassi vett
- 2 supilusikatäit ekstra neitsioliiviõli
- 2 tassi puljongit
- ⅓ tassi Cotija juustu, hakitud
- 1 tass Polentat
- 4 supilusikatäit oliiviõli, harjamiseks
- ½ punast sibulat; peeneks hakitud
- 1 tl meresoola
- 2 spl soolata võid

JUHISED:
a) Kuumuta suures raskes kastrulis madalal kuumusel oliiviõli.
b) Enne küüslaugu lisamist küpseta sibulat umbes 3 minutit.
c) Kuumuta puljong, vesi ja sool kõrgel kuumusel keema.
d) Alandage kuumust madalaks ja pärast vedeliku keetmist niristage polentat aeglaselt õhukese joana, pidevalt segades.
e) Alandage kuumust väga madalale ja jätkake segamist 25–30 minutit või kuni polenta terad on pehmenenud.
f) Lisage must pipar, Cotija ja või ning segage hästi.
g) Vala polenta röstimispannile ja aja ühtlaselt laiali.
h) Jäta 1 tund toatemperatuurile kõrvale.
i) Määri grillpannile õli. Pintselda polenta oliiviõliga ja lõika 8 ruuduks.
j) Kuumuta grillpann ja küpseta ruute 9 minutit mõlemalt poolt või kuni need on kuldpruunid.

23. Cilantro Lime Mais Galette

KOOSTISOSAD:
- 1 leht poest ostetud lehttaigna, sulatatud
- 2 tassi värskeid või külmutatud maisiterad
- 1 laimi koor
- 2 spl laimimahla
- 1/4 tassi hakitud värsket koriandrit
- 1/4 tassi murendatud cotija juustu (või fetajuustu)
- Sool ja pipar maitse järgi
- 1 lahtiklopitud muna (munade pesemiseks)

JUHISED:
a) Kuumuta ahi temperatuurini 375 °F (190 °C) ja vooderda küpsetusplaat küpsetuspaberiga.
b) Sega kausis maisiterad, laimikoor, laimimahl, hakitud koriander, murendatud kodujuust, sool ja pipar.
c) Rulli lehttaignaleht kergelt jahusel pinnal umbes 12-tollise läbimõõduga krobeliseks ringiks.
d) Tõsta lahtirullitud lehttainas ettevalmistatud ahjuplaadile.
e) Määri maisisegu ühtlaselt lehttaignale, jättes servadele umbes 2-tollise äärise.
f) Murra lehttaigna servad maisisegu peale, voldi vastavalt vajadusele, et tekiks rustikaalne galette kuju.
g) Pintselda küpsetise servad lahtiklopitud munaga, et anda sellele küpsetamisel kuldne värv.
h) Küpseta eelkuumutatud ahjus 25-30 minutit või kuni küpsetis on kuldpruun ja mais on läbi kuumenenud.
i) Võta ahjust välja ja lase enne serveerimist veidi jahtuda.
j) Tükeldage ja nautige oma maitsvat Cilantro Lime Mais Galette'i!

24.Spargel ja Cotija suupisted

KOOSTISOSAD:
- 20 viilu õhukest saia
- 4 untsi sinihallitusjuustu
- 8 untsi toorjuustu
- 1 Muna
- 20 Spearsi konserveeritud sparglit nõrutatud
- ½ tassi sulatatud võid

JUHISED:
a) Lõika leivale koorikud ja tasandage taignarulliga.
b) Blenderda juustud ja munad ühtlaseks konsistentsiks ning määri ühtlaselt igale saiaviilule.
c) Aseta igale viilule spargel-oda ja keera see kokku.
d) Kasta sulavõisse, et see oleks korralikult kaetud.
e) Aseta küpsiseplaadile ja külmuta.
f) Kui see on tugevalt külmunud, lõika hammustuse suurusteks tükkideks.
g) Asetage küpsiseplaadile ja küpsetage 400 F juures 20 minutit.

25. Oliivi- ja Cotija pallid

KOOSTISOSAD:
- 2 untsi (¼ tassi) toorjuustu
- ¼ tassi (2 untsi) Cotija juustu
- 12 suurt kalamata oliivi, kivideta
- ⅛ teelusikatäis peeneks hakitud värsket tüümiani
- ⅛ teelusikatäis värsket sidrunikoort

JUHISED:
a) Töötle väikeses köögikombainis kõik koostisained kuni jämeda taigna moodustumiseni, umbes 30 sekundit.
b) Kraabi segu ja tõsta väikesesse kaussi, seejärel pane 2 tunniks külmkappi.
c) Vormi lusika abil 6 pallikest.
d) Serveeri kohe või hoia külmkapis kuni 3 päeva.

26.Spinat ja Cotija Pinwheels

KOOSTISOSAD:
- 2 tassi Bisquicki segu
- ⅔ tassi piima
- 1 tass hakitud spinatit
- ½ tassi murendatud Cotija juustu
- ¼ tassi riivitud parmesani juustu
- ¼ tassi tükeldatud sibulat
- 1 küüslauguküüs, hakitud
- Sool ja pipar maitse järgi

JUHISED:
a) Kuumuta ahi temperatuurini 425 °F (220 °C) ja vooderda küpsetusplaat küpsetuspaberiga.
b) Sega kaussi Bisquicki segu ja piim, et valmistada taignast.
c) Rulli tainas jahusel pinnal ristkülikukujuliseks.
d) Sega eraldi kausis tükeldatud spinat, murendatud Cotija juust, riivitud parmesani juust, kuubikuteks lõigatud sibul, hakitud küüslauk, sool ja pipar.
e) Määri spinati ja Cotija segu ühtlaselt lahtirullitud taignale.
f) Rulli tainas ühelt poolt tihedalt kokku, moodustades palgikuju.
g) Viilutage palk 1-tollisteks paksusteks ratasteks.
h) Asetage rattad ettevalmistatud ahjuplaadile.
i) Küpseta 10-12 minutit või kuni rattad on kuldpruunid.
j) Serveeri spinatit ja Cotija rattaid maitsvate eelroogadena.

27.Mint ja Cotija Bruschetta

KOOSTISOSAD:
- 1 baguette, viilutatud ringideks
- ½ tassi murendatud Cotija juustu
- ¼ tassi hakitud värskeid piparmündi lehti
- 1 spl oliiviõli
- 1 küüslauguküüs, poolitatud
- Sool ja pipar maitse järgi

JUHISED:
a) Kuumuta ahi temperatuurini 375 ° F.
b) Pintselda baguette'i viilud oliiviõliga ning maitsesta soola ja pipraga.
c) Rösti baguette'i viilud ahjus kergelt kuldpruuniks, umbes 10-12 minutit.
d) Hõõru küüslauguküüne poolikud röstitud baguette'i viiludele.
e) Kata baguette'i viilud murendatud Cotija juustu ja hakitud piparmündilehtedega.
f) Serveeri bruschettat soojalt või toatemperatuuril.
g) Nautige!

28.Mündi ja Cotija täidisega paprika

KOOSTISOSAD:
- 4 suurt paprikat
- 8 untsi purustatud Cotija juustu
- ¼ tassi hakitud värskeid piparmündi lehti
- 2 spl oliiviõli
- 1 küüslauguküüs, hakitud
- Sool ja pipar maitse järgi

JUHISED:
a) Kuumuta ahi temperatuurini 375 ° F.
b) Lõika paprikapealsed ära ning eemalda seemned ja membraanid.
c) Sega kausis murendatud Cotija juust, hakitud piparmündilehed, oliiviõli, küüslauk, sool ja pipar, kuni need on hästi segunenud.
d) Täitke iga paprika Cotija juustu seguga.
e) Asetage täidetud paprika küpsetusnõusse.
f) Küpseta 30-35 minutit või kuni paprika on pehme ja täidis kuldpruun.
g) Serveeri täidetud paprika soojalt.

29. Päikesekuivatatud tomati ja Cotija juustu dipikaste

KOOSTISOSAD:
- 1 tass päikesekuivatatud tomateid (mitte õlisse pakitud)
- 8 untsi toorjuustu, pehmendatud
- 4 untsi purustatud Cotija juustu
- ¼ tassi hapukoort
- ¼ tassi majoneesi
- ¼ tassi hakitud värsket peterselli
- 2 küüslauguküünt, hakitud
- ¼ teelusikatäit soola
- ¼ tl musta pipart

JUHISED:
a) Asetage päikesekuivatatud tomatid kuuma veega kaussi ja laske neil umbes 10 minutit liguneda, kuni need pehmenevad. Nõruta vesi ja tükelda tomatid väikesteks tükkideks.
b) Sega keskmises kausis toorjuust, Cotija juust, hapukoor, majonees, petersell, küüslauk, sool ja must pipar. Segage, kuni see on hästi segunenud.
c) Sega juurde tükeldatud päikesekuivatatud tomatid ja sega korralikult läbi.
d) Kata kauss kilega ja hoia enne serveerimist vähemalt 1 tund külmkapis.
e) Kui olete serveerimiseks valmis, segage dipikaste uuesti läbi ja viige see serveerimisnõusse.
f) Serveeri kreekerite, pitakrõpsude või viilutatud köögiviljadega.

30.Riis, baklažaan ja Cotija fritüürid

KOOSTISOSAD:
- ⅔ tassi keeva veega
- ⅓ tassi metsiku riisi segu
- Suur näputäis soola
- ¾ tassi oliiviõli
- 1 baklažaan, lõigatud väikesteks tükkideks
- 1 küüslauguküüs, purustatud
- ½ tassi kreeka stiilis naturaalset jogurtit
- 2 ½ supilusikatäit hakitud värsket pune
- 6 kuivatatud päikesekuivatatud tomatit õlis, tükeldatud
- 50g Cotija, kuubikuteks
- ⅔ tassi tavalist jahu
- 3 muna, kergelt vahustatud
- Sool & jahvatatud must pipar

JUHISED:

a) Valage vesi, riis ja sool väikesesse kastrulisse ning laske keskmisel kuumusel keema tõusta. Alanda kuumust keskmiselt madalale, kata tihedalt suletava kaanega ja küpseta 15 minutit. Viige keedetud riis keskmisesse kaussi.

b) Samal ajal kuumutage suurel pannil keskmisel kuumusel 60 ml (¼ tassi) õli. Lisa baklažaan ja küpseta kaaneta sageli segades 20 minutit või kuni see on pehme. Lisa küüslauk ja kuumuta segades 1 minut. Tõsta tulelt ja jäta 5 minutiks kõrvale, et veidi jahtuda. Tõsta baklažaanisegu köögikombaini kaussi ja töötle jämedaks püreeks.

c) Segage jogurt ja 2 tl pune väikeses kausis. Katke ja asetage kõrvale.

d) Kasutage riisiterade eraldamiseks kahvlit. Lisa riisile baklažaanisegu, ülejäänud pune, päikesekuivatatud tomatid, Cotija, jahu, munad, sool ja pipar ning sega ettevaatlikult läbi, kuni need on segunenud.

e) Kuumuta 2 supilusikatäit ülejäänud õlist suurel mittenakkuval pannil keskmisel-kõrgel kuumusel. Tõsta pannile eraldi umbes 5 supilusikatäit segu ja kasuta lusika tagumist osa, et kumbki veidi lamendada. Küpseta 2 minutit mõlemalt poolt või kuni kuldpruunini.

f) Tõsta suurele taldrikule ja kata soojas hoidmiseks lõdvalt fooliumiga.

g) Korrake partiide kaupa ülejäänud õli ja riisi seguga. Serveeri kohe koos pune jogurtiga.

31.Draakoni puuviliBruschetta

KOOSTISOSAD:
- 1 draakoni vili
- ½ tassi tükeldatud tomatit
- ¼ tassi hakitud basiilikut
- ¼ tassi murendatud Cotija juustu
- 2 spl balsamico glasuuri
- Baguette viilud röstitud

JUHISED:
a) Lõika draakonivili pooleks ja eemalda viljaliha.
b) Sega keskmises kausis draakonipuuvili, tomat, basiilik ja Cotija juust.
c) Sega korralikult läbi ja lase bruschettal vähemalt 10 minutit seista, et maitsed sulaksid.
d) Katke iga baguette viil draakonivilja bruschettaga ja nirista peale balsamico glasuuri.
e) Serveeri kohe.

32.Bruschetta oliivist

KOOSTISOSAD:
- 4 viilu valu au levaini, lõigatud 4–6 tükiks viilu kohta
- 2 küüslauguküünt
- Umbes 1 supilusikatäis ekstra neitsioliiviõli
- 4 untsi Cotija juustu, viilutatud
- 1 sidruni riivitud koor
- 4 untsi Jack, fontina või mahe Asiago, õhukeselt viilutatud
- Umbes 3 untsi noort rukolat

JUHISED:
a) Kuumuta broiler.
b) Rösti saia broileri all kergelt. Tõsta tulelt ja hõõru mõlemalt poolt küüslauguga.
c) Aseta küüslauguga hõõrutud röstsai küpsetusplaadile ja nirista kergelt üle vähese oliiviõliga, laota peale Cotija juust, puista peale sidrunikoor, raputa peale Jacki juust ja tilguta peale oliiviõli.
d) Prae, kuni juust sulab ja kergelt mullitab.
e) Serveeri kohe, iga pisikese lahtise küljega grillitud juustuvõileiva peale on lisatud väike peotäis rukolalehti.

33.Spinat ja Cotija Wonton Quiches

KOOSTISOSAD:
- 12 wontoni ümbrist
- 4 muna
- 1/2 tassi piima
- 1/2 tassi murendatud Cotija juustu
- 1 tass värskeid spinati lehti, tükeldatud
- Sool ja pipar maitse järgi

JUHISED:
a) Kuumuta ahi temperatuurini 375 ° F.
b) Piserda muffinivormi mittenakkuva küpsetusspreiga.
c) Vajutage iga muffinitopsi sisse wontoni ümbris.
d) Vahusta kausis munad ja piim.
e) Sega hulka murendatud Cotija juust ja hakitud spinatilehed.
f) Maitsesta soola ja pipraga.
g) Vala munasegu wontoni tassidesse.
h) Küpseta 15-20 minutit, kuni quiche'id on hangunud ja pealt kuldpruunid.
i) Serveeri kuumalt või toatemperatuuril.

34.Röstitud punapeet Cotija ja Dukkah'ga

KOOSTISOSAD:
- 6 väikest punapeeti
- 6 viilu juuretisega leiba
- soolata või
- 2 untsi Cotija, eelistatavalt valmistatud kitsepiimaga
- 6 teelusikatäit Dukkah
- värsked ürtide segud, nt pune, petersell, shiso ja basiilik
- meresoola helbed

JUHISED:
a) Korja üles peedid ja tõsta need grilli söevabale küljele.
b) Sulgege kaas ja röstige kaudsel kuumusel 1 tund, kuni peet on kergelt vajutades pehme.
c) Koori peedid.
d) Määri leivatükid võiga, seejärel grilli neid kiiresti ühelt poolt ilma võita, seejärel keera ümber ja kuumuta, kuni ilmuvad selged grillribad.
e) Viiluta peet ja puista peale Cotija crumbles. Aseta 2 minutiks grillile, et juust sulaks.
f) Aseta igale röstsaiaviilule paar peediviilu koos Cotijaga, tõsta peale Dukkah'd, ürte ja meresoolahelbeid ning serveeri.

VÕILEIB, BURGERID JA ÜHENDID

35. Jalapeño Türgi burgerid Cotija Salsaga

KOOSTISOSAD:
- 1 nael jahvatatud kalkunirind (99% lahja)
- ½ keskmist kollast sibulat, tükeldatud
- 1 jalapeño, peeneks hakitud (seemned ja ribid eemaldatud)
- 2 tl köömneid
- 1½ tl tšillipulbrit
- ½ tl küüslaugupulbrit
- ¼ teelusikatäit soola
- ¼ teelusikatäit pipart
- 4 maisi kõrva
- 1 supilusikatäis oliiviõli
- ½ tassi kuubikuteks lõigatud punast sibulat
- ⅓ tassi hakitud koriandrit
- 2 laimi mahl
- ½ tassi purustatud kodujuustu
- ¼ teelusikatäit soola
- ¼ teelusikatäit pipart
- Täisterakuklid (soovi korral röstitud)
- Katteks Bibb salat
- Katteks avokaado

JUHISED:

a) Sega keskmises kausis jahvatatud kalkuniliha, tükeldatud kollane sibul, peeneks hakitud jalapeño, köömned, tšillipulber, küüslaugupulber, sool ja pipar. Sega koostisained kätega läbi ja vormi neist neli võrdset pätsi.

b) Pintselda maisikõrvad oliiviõliga ning maitsesta kergelt soola ja pipraga. Pange mais kõrvale.

c) Eelkuumuta oma grill või grillpann keskmisele-kõrgele kuumusele. Grilli kalkuniburgereid umbes 4-5 minutit mõlemalt poolt või kuni need on läbi küpsenud. Burgereid grillides võid grillida ka maisi, keerates neid iga minuti tagant, et saada ühtlane söe.

d) Salsa valmistamiseks lõigake grillitud maisitõlvikud ja asetage need keskmisesse kaussi. Lisa kuubikuteks lõigatud punane sibul, hakitud koriander, laimimahl, murendatud cotija juust, sool ja pipar. Sega kõik kokku. Maitse ja vajadusel reguleeri maitseainet, soovi korral lisa veel laimimahla.

e) Pange burgerid kokku, asetades iga kalkunipihvi kuklile. Kõige peale lisa salat, avokaadoviilud ja rikkalik lusikatäis grillitud maisi cotija salsat.

f) Serveeri oma maitsvaid Jalapeño kalkuniburgereid grillitud maisi Cotija salsa ja avokaadoga! Nautige!

36.Söestunud köögiviljade ja ubade tostadad

KOOSTISOSAD:
LIME KREEMI KOHTA:
- 5 spl hapukoort
- ⅛ tl laimikoort
- 2 tl laimimahla
- ⅛ teelusikatäis koššersoola

TOSTADADE KOHTA:
- 6 maisi tortillat
- 2 supilusikatäit rapsiõli, pluss 2 teelusikatäit (jagatuna)
- 4 küüslauguküünt, viilutatud (jagatud)
- 1 ½ tl jahvatatud köömneid
- 1 tl koššersoola (jagatud)
- ⅛ teelusikatäis chipotle tšillipulbrit
- 2 purki (igaüks 15 untsi) soolalisandita musti ube, loputatud
- ¼ tassi vett ja vajadusel rohkem
- 2 keskmist punast paprikat, viilutatud
- 1 suur punane sibul, poolitatud ja viilutatud
- 2 keskmist suvikõrvitsat, poolitatud ja ½ tolli paksusteks viiludeks
- 1 tass värskeid või külmutatud maisiterad
- ¼ tl jahvatatud pipart
- 1 tass õhukeselt hakitud kapsast
- ¼ tassi hakitud värsket koriandrit
- 6 spl murendatud kodujuustu

JUHISED:
LIME KREEMI VALMISTAMISEKS:
a) Sega väikeses kausis hapukoor, laimikoor, laimimahl ja sool Kõrvale panema.

TOSTADATE VALMISTAMISEKS:
b) Asetage rest ahju ülemisse kolmandikku ja soojendage temperatuurini 400 kraadi F.
c) Pintselda tortillade mõlemad pooled 1 spl õliga ja lao ahjuplaadile See on okei, kui need veidi kattuvad; need tõmbuvad toiduvalmistamisel kokku. Küpsetage neid üks kord pooleld keerates, kuni need muutuvad pruuniks ja krõbedaks, mis võtab aega umbes 10 minutit. Tõsta need restile ja lase jahtuda.
d) Samal ajal kuumuta suurel pannil keskmisel kuumusel 2 tl õli. Lisage 1 küüslauguküüs ja küpseta, aeg-ajalt segades, kuni see muutub lõhnavaks, umbes 30 sekundit. Lisa köömned, ½ tl soola ja tšillipulber; küpseta segades veel 30 sekundit.
e) Lisa oad ja küpseta aeg-ajalt segades, kuni need on läbi kuumenenud, umbes 4 minutit.
f) Tõsta oad köögikombaini ja lisa ¼ tassi vett. Pulseeri ühtlaseks, lisades vajadusel 1 supilusikatäis vett.
g) Kuumuta broiler kõrgeks.
h) Viska suurde kaussi paprika, sibul, suvikõrvits, mais, jahvatatud pipar, ülejäänud 3 küüslauguküünt, 1 supilusikatäis õli ja ½ tl soola. Laota see segu ääristatud küpsetusplaadile. Prae aeg-ajalt segades, kuni see muutub kergelt söestunud, mis võtab umbes 8–12 minutit.
i) Täitke tostadad mõne oapüree, söestunud köögiviljade, kapsa, koriandri, juustu ja laimikreemiga.

37.Šveitsi mangold Cotija Empanadas

KOOSTISOSAD:
TAIGNA JAOKS:
- 2 tassi jahu
- ½ tl soola
- ½ tassi searasva, jahutatud
- 1 ½ supilusikatäit soolata võid, jahutatud
- ⅓ tassi jäävett

TÄIDISEKS:
- 2 kimp sveitsi mangoldi, lõigatud väikesteks tükkideks
- Šveitsi mangoldi varred, lõigatud 1-tollisteks kuubikuteks
- 1 suur valge sibul, tükeldatud
- ¾ tassi Cotija juustu (või laagerdunud Romano või Parmesani), riivitud
- ¼ tassi sulavat juustu, nagu Jack või Asadero, riivituna
- 1 muna, lahtiklopitud
- ½ tl soola (või maitse järgi)
- ½ tl värskelt jahvatatud musta pipart
- Pigista laimi

JUHISED:
TAIGNA JAOKS:
a) Sega suures kausis jahu, sool, seapekk ja või.
b) Sega kergelt sõrmedega, kuni tainast moodustuvad hernesuurused tükid.
c) Sega juurde jäävesi ja sõtku kergelt, kuni tainast moodustub pall.
d) Mässi tainas kilesse ja pane 1-2 tunniks või üleöö külmkappi.

TÄIDISEKS:
e) Kuumuta pannil oliiviõli ja lisa kuubikuteks lõigatud sibul, sool ja pipar. Küpseta mõõdukal kuumusel, kuni sibul on pehme ja hakkab kergelt kuldseks muutuma.
f) Lisage mangoldi varred ja küpseta minut või kaks, seejärel lisage mangoldilehed ja küpseta pehmeks, umbes 3-4 minutit.
g) Eemaldage kuumusest ja jahutage.
h) Sega jahtunud keedetud mangold riivjuustuga ja maitsesta. Reguleerige maitsestamist ja lisage laimijupp.
i) Empanadade kokkupanemiseks:
j) Rulli tainas kergelt jahusel laual ⅛ tolli paksuseks ja lõika välja kuus umbes 5- tollist ringi või 12 väiksemat ringi.
k) Aseta täidis poolele igast taignaringist, jättes äärise.
l) Niisutage taigna servad lahtiklopitud munavahuga, seejärel keerake tainas täidisega kokku.
m) Tihendage servad, surudes kahvli piidega ülevalt alla.
n) Jahutage kokkupandud empanadasid vähemalt 30 minutit enne küpsetamist.
o) Kuumuta oma ahi temperatuurini 350 kraadi Fahrenheiti.
p) Aseta empanadad ahjuplaadile ja pintselda pealt lahtiklopitud munapesuga. Puista peale värskelt jahvatatud pipart.
q) Lõika iga empanada ülaossa terava noaga väikesed pilud, et aur saaks välja pääseda.
r) Küpseta 30 minutit või kuni tainas on kuldne.
s) Tõsta empanadad veidi jahtuma jahutusrestile.
t) Serveeri soojalt või toatemperatuuril.
u) Nautige oma Swiss Chard Empanadasid!

38.Pita, Pesto ja Parmesan

KOOSTISOSAD:
- 1 (6 untsi) vann päikesekuivatatud tomati pesto
- 3 supilusikatäit oliivõli
- 6 (6 tolli) täistera pita leiba
- jahvatatud must pipar maitse järgi
- 2 roma (ploom) tomatit, tükeldatud
- 1 hunnik spinatit, loputatud ja tükeldatud
- 4 värsket seent, viilutatud
- ½ tassi murendatud Cotija juustu
- 2 supilusikatäit riivitud parmesani juustu

JUHISED:
a) Enne millegi muu tegemist seadke ahi 350 kraadi peale.
b) Katke iga pitatükk pestoga ja seejärel kiht: pipar, tomatid, oliivõli, spinat, parmesan, seened ja Cotija.
c) Küpsetage leiba 15 minutit ahjus ja lõigake need enne serveerimist kolmnurkadeks.
d) Nautige.

39. Päikesekuivatatud tomati ja Cotija Mähis

KOOSTISOSAD:
- 1 tortilla mähis
- 2 spl murendatud Cotija juustu
- 2 spl tükeldatud päikesekuivatatud tomateid
- ¼ tassi hakitud salatit
- Sool ja pipar maitse järgi

JUHISED:
a) Määri tortilla mähisile murendatud Cotija juust.
b) Kõige peale lisa päikesekuivatatud tomatid ja tükeldatud salat.
c) Maitsesta soola ja pipraga.
d) Rulli tihedalt kokku ja lõika pooleks.

40.Kreeka kalkuni burgerid

KOOSTISOSAD:
- 1 nael jahvatatud kalkun
- 1/2 tassi Cotija juustu, purustatud
- 1/4 tassi värsket peterselli, hakitud
- 2 küüslauguküünt, hakitud
- 1 tl kuivatatud pune
- 1/2 teelusikatäit soola
- 1/4 tl musta pipart
- Hamburgeri kuklid
- Lisandid omal valikul (salat, tomat, punane sibul jne)

JUHISED:
a) Sega kausis jahvatatud kalkuniliha, Cotija juust, petersell, küüslauk, pune, sool ja must pipar. Sega hästi.
b) Jaga segu neljaks võrdseks osaks ja vormi neist burgeripihvid.
c) Kuumuta grill või pann keskmisel kuumusel ja küpseta pätsikesi mõlemalt poolt umbes 5-6 minutit või kuni need on läbi küpsenud.
d) Rösti soovi korral hamburgeri kukleid.
e) Pange burgerid kokku, asetades küpsetatud pätsikesed kuklitele ja lisades oma lemmikkatteid.
f) Serveeri Kreeka kalkuni burgereid.

41. Vahemere köögivili

KOOSTISOSAD:
- Tortilla mähisid
- 1/2 tassi Cotija juustu, purustatud
- 1/2 tassi röstitud punast paprikat, viilutatud
- 1/4 tassi viilutatud Kalamata oliive
- 1/4 tassi kuubikuteks lõigatud kurki
- 1/4 tassi kuubikuteks lõigatud tomateid
- 2 spl hakitud värsket basiilikut
- 2 spl Kreeka kastet

JUHISED:
a) Asetage tortilla ümbris puhtale pinnale.
b) Puista mähisile ühtlaselt murendatud Cotija juust.
c) Laota peale röstitud punased paprikad, Kalamata oliivid, kuubikuteks lõigatud kurk, tükeldatud tomatid ja hakitud värske basiilik.
d) Nirista täidisele Kreeka kastet.
e) Rulli mähis tihedalt kokku ja soovi korral viiluta osadeks.
f) Serveeri Vahemere köögivilja mähis.

42.Grillitud kana ja Cotija salativõileib

KOOSTISOSAD:
- 2 tassi keedetud ja tükeldatud kanarinda
- 1/2 tassi Cotija juustu, purustatud
- 1/4 tassi kreeka jogurtit
- 1 spl sidrunimahla
- 2 spl hakitud värsket tilli
- Sool ja pipar maitse järgi
- Teie valikul viilutatud leib
- Salati lehed
- Tükeldatud kurk ja tomat (valikuline)

JUHISED:
a) Sega kaussi tükeldatud kana, Cotija juust, kreeka jogurt, sidrunimahl, hakitud till, sool ja pipar. Sega hästi.
b) Määri kana ja Cotija segu saiaviiludele.
c) Soovi korral tõsta peale salatilehti, viilutatud kurki ja tomatit.
d) Sulgege võileivad täiendavate leivaviiludega.
e) Lõika võileivad pooleks ja serveeri.

43. Vahemere Portobello seeneburger

KOOSTISOSAD:
- 4 suurt Portobello seenekübarat
- 1/4 tassi palsamiäädikat
- 2 spl oliiviõli
- 4 untsi Cotija juustu, purustatud
- 1/4 tassi päikesekuivatatud tomateid, tükeldatud
- 2 tassi beebispinati lehti
- Hamburgeri kuklid
- Lisandid omal valikul (viilutatud punane sibul, tomat jne)

JUHISED:
a) Sega madalas vormis kokku palsamiäädikas ja oliiviõli.
b) Aseta Portobello seenekübarad nõusse ja lase 10 minutit marineerida, korra ümber pöörates.
c) Kuumuta grill või pann keskmisel kuumusel ja küpseta seeni umbes 4-5 minutit mõlemalt poolt või kuni need on pehmed.
d) Küpsetamise viimasel minutil puista igale seenekübarale murendatud Cotija juust ja tükeldatud päikesekuivatatud tomateid, et see kergelt sulaks.
e) Rösti soovi korral hamburgeri kukleid.
f) Pange burgerid kokku, asetades kuklitele grillitud seened ja lisades beebispinati lehti ja oma lemmikkatteid.
g) Serveeri vahemerelisi Portobello seeneburgereid.

44. Cotija ja spinati täidisega Portobello seeneburger

KOOSTISOSAD:
- 4 suurt Portobello seenekübarat
- 2 spl oliiviõli
- 1 tass värskeid spinati lehti
- 1/2 tassi Cotija juustu, purustatud
- 1/4 tassi viilutatud Kalamata oliive
- Sool ja pipar maitse järgi
- Hamburgeri kuklid
- Lisandid omal valikul (viilutatud punane sibul, tomat jne)

JUHISED:
a) Eelkuumuta grill või pann keskmisel kuumusel.
b) Pintselda Portobello seenekübarad oliiviõliga ning maitsesta soola ja pipraga.
c) Küpseta seenekübaraid umbes 4-5 minutit mõlemalt poolt või kuni need on pehmed.
d) Tõsta seened tulelt ja lase neil veidi jahtuda.
e) Kuumuta ahi temperatuurini 350 °F (175 °C).
f) Sega kausis kokku värsked spinatilehed, murendatud Cotija juust ja viilutatud Kalamata oliivid.
g) Eemalda seenekübaratelt varred ja lusikaga spinati ja Cotija segu kübaratesse.
h) Aseta täidetud seened ahjuplaadile ja küpseta umbes 10 minutit või kuni juust on sulanud.
i) Rösti soovi korral hamburgeri kukleid.
j) Pange burgerid kokku, asetades täidetud seened kuklitele ja lisades oma lemmikkatteid.
k) Serveeri Cotija ja spinatitäidisega Portobello seeneburgereid.

45.Kreeka kana pita

KOOSTISOSAD:
- 2 kondita, nahata kanarinda
- 1/4 tassi oliiviõli
- 1 spl sidrunimahla
- 2 küüslauguküünt, hakitud
- 1 tl kuivatatud pune
- Sool ja pipar maitse järgi
- 4 pita leiva ringi
- 1/2 tassi Cotija juustu, purustatud
- 1/4 tassi viilutatud Kalamata oliive
- 1/4 tassi kuubikuteks lõigatud kurki
- 1/4 tassi kuubikuteks lõigatud tomateid
- Tzatziki kaste

JUHISED:
a) Sega kausis oliiviõli, sidrunimahl, hakitud küüslauk, kuivatatud pune, sool ja pipar.
b) Lisa kaussi kana rinnad ja määri need marinaadiga. Lase neil vähemalt 30 minutit marineerida.
c) Kuumuta grill või pann keskmisel kuumusel ja küpseta kanarinda umbes 6-7 minutit mõlemalt poolt või kuni need on läbi küpsenud. Laske neil enne viilutamist paar minutit puhata.
d) Soojendage pita leivatükke röstris või grillil.
e) Lõika keedetud kana rinnad ribadeks.
f) Ava pita leiva ümmargused ja täitke need viilutatud kana, murendatud Cotija juustu, viilutatud Kalamata oliivide, kuubikuteks lõigatud kurgi, tükeldatud tomatite ja tilgakese tzatziki kastmega.
g) Serveeri kreeka kana pitasid.

46. Cotija ja spinati täidisega kalkuniburger

KOOSTISOSAD:
- 1 nael jahvatatud kalkun
- 1/2 tassi Cotija juustu, purustatud
- 1/2 tassi hakitud värsket spinatit
- 1/4 tassi riivsaia
- 1 küüslauguküüs, hakitud
- 1 tl kuivatatud pune
- Sool ja pipar maitse järgi
- Hamburgeri kuklid
- Lisandid omal valikul (salat, tomat, punane sibul jne)

JUHISED:
a) Sega kausis jahvatatud kalkuniliha, Cotija juust, hakitud spinat, riivsai, hakitud küüslauk, kuivatatud pune, sool ja pipar. Sega hästi.
b) Jaga segu neljaks võrdseks osaks ja vormi neist burgeripihvid.
c) Kuumuta grill või pann keskmisel kuumusel ja küpseta pätsikesi mõlemalt poolt umbes 5-6 minutit või kuni need on läbi küpsenud.
d) Rösti soovi korral hamburgeri kukleid.
e) Pange burgerid kokku, asetades küpsetatud pätsikesed kuklitele ja lisades oma lemmikkatteid.
f) Serveeri Cotija ja spinati täidisega kalkuniburgereid.

47.Caprese kana mähis

KOOSTISOSAD:
- Tortilla mähisid
- 1 tass keedetud ja tükeldatud kanarinda
- 1/2 tassi Cotija juustu, purustatud
- 1/2 tassi kirsstomateid, poolitatud
- 1/4 tassi värskeid basiiliku lehti, rebitud
- 2 spl balsamico glasuuri
- Sool ja pipar maitse järgi

JUHISED:
a) Asetage tortilla ümbris puhtale pinnale.
b) Määri keedetud ja tükeldatud kanarind mähisile.
c) Puista murendatud Cotija juust ühtlaselt kana peale.
d) Lisa kirsstomati poolikud ja peale rebitud värsked basiilikulehed.
e) Nirista täidisele balsamicoglasuuri.
f) Maitsesta soola ja pipraga maitse järgi.
g) Rulli mähis tihedalt kokku ja soovi korral viiluta osadeks.
h) Serveeri Caprese kana mähis.

48.Cotija ja spinati täidisega kanarinna võileib

KOOSTISOSAD:
- 2 kondita, nahata kanarinda
- Sool ja pipar maitse järgi
- 1/4 tassi Cotija juustu, purustatud
- 1/4 tassi hakitud värsket spinatit
- 1/4 tassi päikesekuivatatud tomateid, tükeldatud
- 2 spl oliiviõli
- 2 küüslauguküünt, hakitud
- Hamburgeri kuklid
- Lisandid omal valikul (salat, tomat, punane sibul jne)

JUHISED:
a) Kuumuta ahi temperatuurini 375 °F (190 °C).
b) Viilutage iga kanarind horisontaalselt, et luua tasku.
c) Maitsesta kanarinnad soola ja pipraga.
d) Sega kausis Cotija juust, hakitud spinat ja päikesekuivatatud tomatid.
e) Täitke iga kana rinnatasku Cotija ja spinati seguga, seejärel kinnitage hambaorkidega.
f) Kuumutage ahjukindlas pannil oliiviõli keskmisel-kõrgel kuumusel.
g) Lisa hakitud küüslauk ja prae umbes 1 minut.
h) Asetage täidetud kana rinnad pannile ja küpseta 2-3 minutit mõlemalt poolt või kuni pruunistumiseni.
i) Tõsta pann eelsoojendatud ahju ja küpseta umbes 15-20 minutit või kuni kana on küps.
j) Võta kana ahjust välja ja lase paar minutit puhata. Eemaldage hambaorkid.
k) Rösti soovi korral hamburgeri kukleid.
l) Pange võileivad kokku, asetades kuklitele täidetud kana rinnatükid ja lisades oma lemmikkatteid.
m) Serveeri Cotija ja spinati täidisega kanarinda võileibu.

PÕHIROOG

49.Frijoles Puercos koos Chorizo ja Atúniga

KOOSTISOSAD:
TUUNIKANAPRAADIDE JAOKS:
- ¼ tl kuivatatud oreganot
- ¼ tl jahvatatud koriandrit
- ¼ tl värskelt hakitud küüslauku
- ½ tl paprikat
- 2 spl sojakastet
- 2 spl viinamarjaseemneõli
- 12 untsi (340 g) tuunikala pihve, paksusega 1 tolli (2,5 cm)
- Meresool ja värskelt jahvatatud must pipar

UBADE KOHTA:
- 1 nael (455 g) kuivi Mayocoba (Peruano) ube, mis on puhastatud kivikestest ja loputatud (võib asendada pinto ube)
- 1 suur valge sibul (10½ untsi/300 g), neljaks lõigatud
- 1 supilusikatäis pluss ¼ teelusikatäit meresoola, lisaks veel vastavalt vajadusele
- ½ tassi (120 ml) sulatatud pardirasva
- 6 maisi tortillat
- 2 küüslauguküünt, kooritud
- 3 kuivatatud tšillit de árbol
- ½ tl jahvatatud köömneid
- ½ tl kuivatatud oreganot
- 1 keskmine šalottsibul (2 untsi/55 g), hakitud
- 4 untsi (115 g) peekonit, tükeldatud
- 12 untsi (340 g) Mehhiko chorizo, ümbrisest eemaldatud ja murendatud
- 1 spl Huicholi kaubamärgiga villitud kuuma kastet
- 2 untsi (25 g) kodujuustu, riivitud

JUHISED:
a) Valmistage tuunikala pihvid: segage suures kausis pune, koriander, küüslauk, paprika, sojakaste ja 1 spl viinamarjaseemneõli. Maitsesta tuunikalapihvid mõlemalt poolt rikkalikult soola ja pipraga. Lisa marinaadile ja lase 30 minutit seista.
b) Vahepeal valmista oad: lisa kuivatatud oad ja sibul suurde potti. Lisage nii palju vett, et oad kataks, umbes kaks tolli, ja laske keema

tõusta. Alandage kuumust keemiseni, katke kaanega ja küpseta, kuni oad on pehmenenud, umbes 1 tund. Kui oad on keedetud, lisage potti 1 supilusikatäis soola. Visake sibul ära. Lülitage kuumus välja ja laske ubadel 15 minutit puhata.

c) Kuni oad küpsevad, pöördu tagasi marineeritud tuunikala juurde. Patsutage see paberrätikutega kuivaks. Eelsoojendage ülejäänud 1 spl viinamarjaseemneõli keskmisel malmpannil või praepannil kõrgel kuumusel, kuni õli hakkab peaaegu suitsema. Vajadusel partiidena töötades küpseta tuunikala kuumas õlis mõlemalt poolt 3 minutit. Eemalda tuunikala pannilt ja tõsta kõrvale.

d) Alanda kuumust sama panni all keskmisele ja lisa pardirasv. Kui rasv on kuum, lisa õrnalt maisitortillad. Laske neil küpseda kuldpruuniks, umbes 1 minut mõlemalt poolt. Eemaldage tortillad ja asetage need laiale taldrikule või paberrätikutega vooderdatud jahutusrestile. Puista peale ülejäänud ¼ teelusikatäit soola, kuni tortillad on veel soojad. Tõsta kõrvale, et hiljem koos ubadega nautida.

e) Pane põleti tagasi keskmisele kuumusele ning prae pardirasvas küüslauku ja tšillit, kuni mõlemad on krõbedad ja aromaatsed, umbes 5 minutit. Eemalda pardirasvast ja aseta tortillade juurde. Jäta pann koos rasvaga põletile.

f) Viige keedetud oad lusikaga 1 tassi (240 ml) keeduvedelikuga blenderisse. Lisa praetud küüslauk ja tšilli, köömned ja pune. Pulse kolm kuni neli korda 1 sekund iga kord, kuni oasegu on rammus, kuid mitte täielikult püreestatud. Teise võimalusena võite kasutada selleks sukelsegisti, kui teil see on.

g) Eemaldage pannilt umbes 2 supilusikatäit rasva ja lisage šalottsibul, peekon ja chorizo. Küpseta, kuni kõik koostisosad on krõbedad, umbes 12 minutit. Lisa aeglaselt ja ettevaatlikult segatud oad. Küpseta, kuni need hakkavad podisema ja tekstuur muutub. Maitsesta maitse järgi soolaga. Sega juurde kuum kaste. Tõsta tulelt.

h) Lõika tuunikala kuubikuteks ja laota ubade peale. Viimistle oad riivitud cotija puistaga. Serveeri koos tortilladega.

50. Ember-röstitud tammetõrukõrvits söestunud poblanodega

KOOSTISOSAD:
- 2 (1 naela ehk 454 g) tammetõru squash
- 4 poblano paprikat
- Kosher sool
- Jahvatatud must pipar
- ⅓ kuni ½ tassi (41 kuni 61 g) purustatud Cotija juustu
- ⅓ kuni ½ tassi (80 kuni 120 ml) Crema Mexicana
- Kaunistamiseks peeneks hakitud värske koriander

JUHISED:
a) Valmistage lõkkeaugus ette kuum ühetasandiline tuli ja laotage söed tasasele ühtlasele voodile, mille sügavus on vähemalt 2 tolli (5 cm). Hoidke lõkkeaugu tagaosas väikest tuld, et vajadusel süsi täiendada.
b) Nestle squash söe sisse. Rösti umbes 45 minutit, keerates iga 10–15 minuti järel, kuni nahk on ühtlaselt ja kergelt söestunud ning viljaliha pehme.
c) Laota paprikad otse sütele. Küpseta umbes 10 minutit, kuni nahk on üleni söestunud, aeg-ajalt keerates. Tõsta paprikad tulelt ja aseta kilekotti. Laske neil 5–10 minutit higistada. Tõsta paprikad lõikelauale jahtuma. Koorige ja visake nahk ära. Poolita paprika pikuti ning eemalda südamik ja seemned. Haki paprika parajateks tükkideks. Kata kaanega, et hoida soojas, kuni kõrvits on valmis.
d) Kui varras torkab kergesti läbi kõrvitsa jämedama osa, tõsta need lõikelauale. Poolita iga suvikõrvits pikuti ja kühvliga välja ning visake seemned ära. Maitsesta soola ja pipraga ning jaga nelja kausi peale.
e) Valage iga kõrvitsa peale võrdne kogus paprikat ja juustu. Serveeri koorekreemi ja tilga koriandriga.

51.Mutt Chilaquiles roheliste ja ubadega

KOOSTISOSAD:
- Salat

ROHELISED JA OAD:
- ¼ tassi vett
- 2 küüslauguküünt, hakitud
- 8 untsi Spinat (umbes 1 kott)
- 1 purk (14 untsi) musti ube, nõrutatud

KASTE:
- 1 purk (7,2 untsi) Mole Poblano
- 2 tassi köögiviljapuljongit

TÄIDISED
- Mandlikreem
- Vegan Queso Cotija
- 1 Valge sibul, lõigatud väga õhukesteks rõngasteks

JUHISED:
a) Kuumuta ahi temperatuurini 400 °F. Aseta tortilla kolmnurk kahele pärgamendiga kaetud ahjuplaadile ja küpseta 15–20 minutit, kuni see on krõbe. Eemaldage ahjust ja asetage kõrvale. (Võite neid ka paksu põhjaga pannil kuldpruuniks praadida või osta kotitäie krõpse.)
b) Rohelised ja oad:
c) Kuumuta suur praepann keskmisele kuumusele ja vala sinna ¼ tassi vett. Lisa küüslauk ja küpseta 1 minut. Lisa spinat ja sega.
d) Kui spinat on keedetud (umbes 2 minutit), lisa mustad oad. Maitsesta soola ja pipraga.

KASTE:
e) Seadke suur pott keskmisele kuumusele, lisage 1 tass köögiviljapuljongit ja moolipastat. Segage.
f) Kui moolipasta lahustub ja segu hakkab podisema, lisage teine tass köögiviljapuljongit. Tundub, et mutt on liiga õhuke, kuid niipea, kui mutt veidigi jahtub, muutub see paksemaks. Kuumuta keemiseni, sega ja eemalda tulelt.
g) Toome kõik koos
h) Veenduge, et teie mutt oleks õige konsistentsiga, see peaks olema õhukese kooresupi konsistents, kohandage vastavalt vajadusele köögiviljapuljongiga.
i) Lisa laastud ning rohelised ja oad koos mutiga potti. Katmiseks sega korralikult läbi. Serveeri kohe ja raputa peale mandlikreem, vegan queso Cotija ja sibul.

52. Edela-stiilis juustulihakook

KOOSTISOSAD:
- 1 nael jahvatatud sealiha
- 1 muna
- 1/2 tassi talisibul, hakitud
- 2 küüslauguküünt, hakitud
- 1/2 tassi täistera tortillakrõpse, peeneks purustatud
- 1/2 tassi Cotija juustu, purustatud
- Meresool ja jahvatatud must pipar, maitse järgi
- 1 tl suitsupaprikat
- 1 tass villitud chipotle salsat
- 2 spl ketšupit
- 1 tl värsket laimimahla

JUHISED:
a) Valmistage oma kiirpott, lisades selle põhja 1 tass vett ja metallist rest.
b) Segage jahvatatud sealiha, muna, talisibul, küüslauk, purustatud tortillalaastud, Cotija juust, sool, must pipar, paprika ja 1/2 tassi salsat segamisnõus põhjalikult.
c) Nüüd vormi segust lihaleib. Tõsta lihaleib kergelt võiga määritud ahjupannile. Langetage küpsetuspann restile.
d) Sega kausis ülejäänud 1/2 tassi salsat ketšupi ja laimimahlaga. Pintselda salsaseguga lihaleiva peale.
e) Kinnitage kaas. Valige säte „Bean/Tšilli" ja küpseta kõrgel rõhul 30 minutit. Kui toiduvalmistamine on lõppenud, kasutage kiiret rõhuvabastust; eemaldage kaas ettevaatlikult. Head isu!

53.Nelja juustu lasanje

KOOSTISOSAD:
- 9 lasanjenuudlit, keedetud ja nõrutatud
- 2 tassi riivitud mozzarella juustu
- 1 tass riivitud parmesani juustu
- 1 tass ricotta juustu
- 1 tass murendatud Cotija juustu
- 2 tassi marinara kastet
- Värsked basiilikulehed kaunistuseks (valikuline)

JUHISED:
a) Kuumuta ahi temperatuurini 375 ° F (190 ° C).
b) Määri võiga määritud ahjuvormi põhja õhuke kiht marinara kastet.
c) Aseta kastme peale 3 lasanjenuudlit, need kergelt kattudes.
d) Määri nuudlitele kiht ricotta juustu, seejärel puista peale riivitud Parmesani juustu, riivitud mozzarella juustu ja murendatud Cotija juustu.
e) Korrake kihte, vaheldumisi nuudlite, marinara kastme, ricotta juustu, parmesani, mozzarella juustu ja Cotija juustu vahel. Lõpeta kihi marinara kastmega ja puista peale ohtralt riivitud mozzarella juustu.
f) Kata ahjuvorm fooliumiga ja küpseta eelsoojendatud ahjus 25 minutit. Seejärel eemalda foolium ja küpseta veel 10-15 minutit, kuni juust on kuldne ja mullitav.
g) Kui lasanje on küpsetatud, eemaldage see ahjust ja laske sellel enne serveerimist paar minutit seista.
h) Soovi korral kaunista värskete basiilikulehtedega.

54. Liibanoni stiilis potipirukas

KOOSTISOSAD:
- 3 supilusikatäit purustatud küüslauku
- ¼ tassi murendatud ürtidega Cotija juustu
- 1 munakollane
- 1 külmutatud lehttaignaleht, sulatatud, pooleks lõigatud
- 2 tassi hakitud värsket spinatit
- 2 kondita nahata kana rinnapoolikut
- 2 supilusikatäit basiiliku pestot
- 1/3 tassi tükeldatud päikesekuivatatud tomateid

JUHISED: s

a) Enne millegi muu tegemist seadke ahi 375 kraadi F-le.

b) Kata kana rinnad klaasnõus purustatud küüslaugu ja munakollase seguga, enne kui katad need kilega ja asetad need kanarindad vähemalt neljaks tunniks külmkappi.

c) Pange ½ spinatist poole saia keskele ja asetage sellele üks tükk kanarinda, seejärel lisage 1 supilusikatäis pestot, päikesekuivatatud tomatid, Cotija juust ja seejärel ülejäänud spinat.

d) Mähi see teise saiapoolega.

e) Korrake samu samme ülejäänud rinnatükkide jaoks.

f) Asetage need kõik küpsetusplaadile.

g) Küpseta eelkuumutatud ahjus umbes 40 minutit või kuni kana on pehme.

h) Serveeri.

55. Cotija ja Oliivi Lasanje

KOOSTISOSAD:
- 9 lasanjenuudlit, keedetud ja nõrutatud
- 2 tassi murendatud Cotija juustu
- 1 tass riivitud mozzarella juustu
- 1 tass riivitud parmesani juustu
- 1 tass viilutatud Kalamata oliive
- 1 tass tükeldatud päikesekuivatatud tomateid
- 2 tassi marinara kastet
- Värsked petersellilehed kaunistuseks (valikuline)

JUHISED:
a) Kuumuta ahi temperatuurini 375 ° F (190 ° C).
b) Määri võiga määritud ahjuvormi põhja õhuke kiht marinara kastet
c) Aseta kastme peale 3 lasanjenuudlit, need kergelt kattudes.
d) Puista nuudlitele kiht murendatud Cotija juustu, riivitud mozzarella juustu ja riivitud Parmesani juustu.
e) Lisa juustu peale kiht viilutatud Kalamata oliive ja tükeldatud päikesekuivatatud tomateid.
f) Korrake kihte, vaheldumisi nuudlite, marinara kastme, Cotija juustu, mozzarella juustu, parmesani juustu, Kalamata oliivide ja päikesekuivatatud tomatitega. Lõpeta kiht marinara kastmega ja puista peale ohtralt riivitud mozzarella juustu.
g) Kata ahjuvorm fooliumiga ja küpseta eelsoojendatud ahjus 25 minutit. Seejärel eemalda foolium ja küpseta veel 10-15 minutit, kuni juust on kuldne ja mullitav.
h) Kui lasanje on küpsetatud, eemaldage see ahjust ja laske sellel enne serveerimist paar minutit seista.
i) Soovi korral kaunista värskete petersellilehtedega.

56.Basiilik Puttanesca rannakarbid

KOOSTISOSAD:
- ½ tassi basiilikut
- ½ tassi Itaalia peterselli
- ½ tassi kreeka pähkleid
- ¼ tassi oliiviõli
- 2 hakitud küüslauguküünt
- 2 supilusikatäit sidrunimahla
- ½ tl soola
- 8 untsi inglijuuste pasta
- 2 hakitud magusat punast kirsipaprikat
- 1 tükeldatud tomat
- 1/8 tassi õlisse pakitud päikesekuivatatud tomat
- 2 supilusikatäit murendatud Cotija juustu
- 1/8 tassi hakitud oliivi, teie valikul
- 1 tl kapparid
- 3 2/3 untsi. suitsutatud rannakarbid
- pipar

JUHISED:
a) Köögikombainis pesto jaoks lisa kreeka pähklid, värsked ürdid, küüslauk, sidrunimahl, oliiviõli ja sool ning pulber ühtlaseks massiks.
b) Valmista pasta vastavalt pakendi juhistele.
c) Asetage pesto, pasta ja ülejäänud koostisosad suurde serveerimisnõusse ning segage need hästi.

57. Päikesekuivatatud tomati ja spinati täidisega kana

KOOSTISOSAD:
- 4 kondita, nahata kanarinda
- ½ tassi tükeldatud päikesekuivatatud tomateid
- ½ tassi hakitud spinatit
- ¼ tassi murendatud Cotija juustu
- 1 küüslauguküüs, hakitud
- Sool ja pipar maitse järgi

JUHISED:
a) Kuumuta ahi temperatuurini 375 ° F.
b) Sega kausis kokku päikesekuivatatud tomatid, spinat, Cotija juust, küüslauk, sool ja pipar.
c) Tee kanarindadele tasku, lõigates rinna kõige paksemasse kohta lõhiku.
d) Täida kana rinnad päikesekuivatatud tomatite seguga.
e) Kinnitage hambaorkide või kööginööriga.
f) Aseta täidetud kanarinnad ahjuvormi.
g) Küpseta 25-30 minutit või kuni kana on küps.
h) Enne viilutamist ja serveerimist lase paar minutit puhata.

58.Päikesekuivatatud tomat ja Cotija Portobello s

KOOSTISOSAD:
- 4 suurt Portobello seeni
- ½ tassi murendatud Cotija juustu
- ¼ tassi tükeldatud päikesekuivatatud tomateid
- ¼ tassi hakitud värsket peterselli
- 1 küüslauguküüs, hakitud
- ¼ tassi riivsaia
- Sool ja pipar maitse järgi

JUHISED:
a) Kuumuta ahi temperatuurini 375 ° F.
b) Puhasta Portobello seened ja eemalda varred.
c) Sega kausis kokku murendatud Cotija juust, hakitud päikesekuivatatud tomatid, hakitud värske petersell, hakitud küüslauk, riivsai, sool ja pipar.
d) Täida iga seen seguga.
e) Aseta täidetud seened ahjuplaadile.
f) Küpseta 20-25 minutit või kuni seened on pehmed ja juust sulanud.
g) Serveeri kuumalt.

59. Tuunikalapäts päikesekuivatatud tomatite ja Cotijaga

KOOSTISOSAD:
- 3 muna
- 1 suur konserv tuunikala 400 gr (280 gr nõrutatud)
- 200 grammi jahu
- 1 pakk küpsetuspulbrit 11 gr
- 50 ml oliiviõli
- 100 ml piima või taimset piima
- 125 grammi Cotija
- 75 grammi päikesekuivatatud tomateid

JUHISED:
a) Kuumuta ahi temperatuurini 180 °C / 350 °F
b) Vahusta kausis munad nagu omleti puhul.
c) Lisa jahu ja küpsetuspulber ning sega.
d) Seejärel oliiviõli ja piim, segage uuesti, kuni saate ühtlase taigna.
e) Nõruta tuunikala, murenda jämedalt ja lisa valmistisele. Kombineeri.
f) Nõruta päikesekuivatatud tomatid ja lõika tükkideks. Lisa need Cotija kuubikutega valmistisele.
g) Määri pätsivorm õli või võiga, puista peale veidi jahu (või kasuta silikoonvormi, määrida pole vaja).
h) Vala tainas ja küpseta umbes 45 minutit 180 °C / 350 °F juures. Kui noaots kuivana välja tuleb, on päts küpsetatud.

SUPID

60.Tlapani moodi supp

KOOSTISOSAD:
- 2 tomatit, praetud
- 6 tassi madala naatriumisisaldusega kanapuljongit
- 1/2 naela kondita ja nahata kanarinda 1 spl ekstra neitsioliiviõli 1 tass peeneks hakitud valget sibulat
- 2 küüslauguküünt, hakitud
- 3/4 tassi kooritud ja peeneks hakitud porgandit
- 1-1/2 tassi garbanzo ube, nõrutatud ja loputatud
- 1 tass peeneks hakitud suvikõrvitsat
- 1/2 tassi külmutatud rohelisi herneid, sulatatud
- 1 kuivatatud chipotle tšiili või üks chipotle pluss 1 tl adobo kastet
- 1 tl värskelt pressitud laimimahla 1/4 tl peeneks jahvatatud musta pipart 1/4 tl soola või maitse järgi
- 1 keskmine küps avokaado, lõigatud 1/2-tollisteks tükkideks 1/4 tassi riivitud kodujuustu (valikuline) Laimiviilud

JUHISED:

a) Valmistage tomatid. Püreesta tomatid blenderis või köögikombainis ja kurna läbi toiduveski peene tera või suru läbi sõela. Reserv.
b) Küpseta ja tükelda kana. Asetage puljong ja kanarind suurde potti, laske keema tõusta ja keetke, kuni kana on küpsenud, umbes 10 minutit. Eemaldage kana ja reserveerige puljong.
c) Kui kana on käsitsemiseks piisavalt jahtunud, tükeldage see ja jagage nelja supikaussi vahel.
d) Tee supp. Kuumuta suur pott keskmisel kuumusel. Lisa oliiviõli ja sibul ning prae, kuni sibul hakkab pruunistuma, umbes 5 minutit. Lisa küüslauk ja küpseta veel 1 minut. Lisa reserveeritud puljong ja ülejäänud koostisosad, välja arvatud avokaado ja juust, ning hauta 8–10 minutit.
e) Lõpeta ja serveeri supp. Eemaldage tšilli ja valage supp keedetud kanale. Lisage igasse kaussi võrdsed osad avokaadot ja soovi korral lisage juustu. Serveeri koos laimiviiludega.

61. Tomati ja Cotija supp

KOOSTISOSAD:
- 2 spl oliiviõli
- 1 sibul, hakitud
- 2 küüslauguküünt, hakitud
- 1 purk (28 untsi) purustatud tomateid
- 4 tassi köögiviljapuljongit
- 1 tl kuivatatud basiilikut
- 1 tl kuivatatud pune
- Sool ja pipar maitse järgi
- 1/2 tassi murendatud Cotija juustu
- Kaunistuseks värsked basiilikulehed

JUHISED:
a) Kuumuta oliiviõli suures potis keskmisel kuumusel.
b) Lisa hakitud sibul ja hakitud küüslauk ning prae, kuni sibul on pehme ja läbipaistev.
c) Lisa purustatud tomatid, köögiviljapuljong, kuivatatud basiilik, kuivatatud pune, sool ja pipar. Sega segamiseks.
d) Lase supp keema tõusta ja keeda umbes 15-20 minutit, et maitsed sulaksid.
e) Kasutage sukelblenderit või viige supp blenderisse ja blenderdage ühtlaseks massiks.
f) Tõsta supp tagasi potti ja sega hulka murendatud Cotija juust, kuni see on sulanud ja segunenud.
g) Maitse ja vajadusel kohanda maitseainet.
h) Serveeri tomati ja Cotija suppi kuumalt, kaunistatud värskete basiilikulehtedega.

62.Brokkoli mikroroheline supp Cotijaga

KOOSTISOSAD:
- 1 kollane sibul, viiludeks viilutatud
- 1 tass ube, keedetud või konserveeritud
- 4 tassi köögiviljapuljongit
- 4 tervet küüslauguküünt, kooritud
- 3 supilusikatäit soolamata röstitud päevalilleseemneid
- 1 supilusikatäis viinamarjaseemneõli
- ¼ teelusikatäit soola
- 3 untsi Cotija juustu, tükeldatud
- ½ sidruni mahl
- ½ tl tšillipulbrit
- 2 tassi brokkoli mikrorohelist
- 1 pea brokkoli, tükeldatud õisikuteks
- 2 supilusikatäit ekstra neitsioliiviõli

JUHISED:
a) Kuumuta ahi temperatuurini 425 ° F.
b) Sega brokoli, sibul ja küüslauk segamisnõus õli ja soolaga.
c) Aseta brokoli ahjuplaadile ja aja laiali.
d) Rösti 25 minutit , perioodiliselt väsitades .
e) Vahusta puljong , röstitud köögiviljad, mikrorohelised, Cotija , oad, sidrunimahl ja tšillipulber segistis ühtlaseks massiks.
f) Kuumuta supp potis .
g) Serveeri, lisades veel mikrorohelisi, Cotija , päevalilleseemneid ja tilgakese õli .

63.Spinat ja Cotija Mac ja juustusupp

KOOSTISOSAD:
- 2 tassi keedetud makarone
- 3 tassi köögiviljapuljongit
- 1 tass piima
- 2 tassi värskeid spinati lehti
- ½ tassi murendatud Cotija juustu
- ¼ tassi tükeldatud sibulat
- 2 spl võid
- 2 spl universaalset jahu
- Sool ja pipar maitse järgi

JUHISED:
a) Suures potis sulata keskmisel kuumusel või.
b) Lisa potti tükeldatud sibul ja prae, kuni need muutuvad läbipaistvaks.
c) Puista jahu sibulatele ja sega korralikult läbi.
d) Vala pidevalt segades vähehaaval sisse köögiviljapuljong.
e) Lisa potti värsked spinatilehed ja lase supp keema tõusta.
f) Küpseta, kuni spinat närbub ja muutub pehmeks, umbes 2-3 minutit.
g) Lisa potti keedetud makaronid ja piim ning sega läbi.
h) Sega hulka murendatud Cotija juust, kuni see on sulanud ja ühtlane.
i) Maitsesta soola ja pipraga maitse järgi.
j) Hauta veel paar minutit, et maitsed seguneksid.
k) Serveeri spinat ja Cotija mac ja juustusupp kuumalt.

64.Spinati ja Cotija supp

KOOSTISOSAD:
- 2 spl oliiviõli
- 1 sibul, hakitud
- 2 küüslauguküünt, hakitud
- 4 tassi köögiviljapuljongit
- 1 hunnik värsket spinatit, varred eemaldatud ja lehed tükeldatud
- 1/2 tassi murendatud Cotija juustu
- Sool ja pipar maitse järgi

JUHISED:
a) Kuumuta oliiviõli suures potis keskmisel kuumusel.
b) Lisa hakitud sibul ja hakitud küüslauk ning prae, kuni sibul on pehme ja läbipaistev.
c) Vala köögiviljapuljong ja lase keema tõusta.
d) Lisa tükeldatud spinatilehed ja hauta umbes 5 minutit, kuni need närbuvad.
e) Kasutage sukelblenderit või viige supp blenderisse ja blenderdage ühtlaseks massiks.
f) Tõsta supp tagasi potti ja sega hulka murendatud Cotija juust, kuni see on sulanud ja segunenud.
g) Maitsesta soola ja pipraga maitse järgi.
h) Serveeri spinatit ja Cotija suppi kuumalt.

65. Röstitud punase pipra ja cotija supp

KOOSTISOSAD:
- 2 punast paprikat
- 2 spl oliiviõli
- 1 sibul, hakitud
- 2 küüslauguküünt, hakitud
- 4 tassi köögiviljapuljongit
- 1/2 tassi murendatud Cotija juustu
- Sool ja pipar maitse järgi
- Kaunistuseks värsked basiilikulehed

JUHISED:
a) Eelsoojendage broiler oma ahjus.
b) Asetage punased paprikad küpsetusplaadile ja praege neid aegajalt keerates, kuni kestad on mustad ja villid.
c) Eemaldage paprikad ahjust ja viige need kaussi. Kata kauss kilega ja lase paprikatel umbes 10 minutit aurutada.
d) Koorige röstitud paprikatelt koor, eemaldage seemned ja tükeldage viljaliha väiksemateks tükkideks.
e) Kuumuta oliiviõli suures potis keskmisel kuumusel.
f) Lisa hakitud sibul ja hakitud küüslauk ning prae, kuni sibul on pehme ja läbipaistev.
g) Lisa potti tükeldatud röstitud punane paprika ja köögiviljapuljong. Lase keema tõusta.
h) Alanda kuumust ja lase supil podiseda umbes 15-20 minutit.
i) Kasutage sukelblenderit või viige supp blenderisse ja blenderdage ühtlaseks massiks.
j) Tõsta supp tagasi potti ja sega hulka murendatud Cotija juust, kuni see on sulanud ja segunenud.
k) Maitsesta soola ja pipraga maitse järgi.
l) Serveeri röstitud punast pipart ja Cotija suppi kuumalt, kaunistatud värskete basiilikulehtedega.

66.Läätse ja Cotija supp

KOOSTISOSAD:
- 1 spl oliiviõli
- 1 sibul, hakitud
- 2 küüslauguküünt, hakitud
- 1 porgand, tükeldatud
- 1 sellerivars, tükeldatud
- 1 tass kuivatatud läätsi, loputatud
- 4 tassi köögiviljapuljongit
- 1 loorberileht
- 1 tl kuivatatud tüümiani
- Sool ja pipar maitse järgi
- 1/2 tassi murendatud Cotija juustu
- Kaunistuseks värske petersell

JUHISED:
a) Kuumuta oliiviõli suures potis keskmisel kuumusel.
b) Lisa hakitud sibul, hakitud küüslauk, kuubikuteks lõigatud porgand ja tükeldatud seller. Prae, kuni köögiviljad on pehmenenud.
c) Lisa potti kuivatatud läätsed, köögiviljapuljong, loorberileht, kuivatatud tüümian, sool ja pipar. Sega segamiseks.
d) Kuumuta supp keemiseni, seejärel alanda kuumust ja lase podiseda umbes 30-40 minutit või kuni läätsed on pehmed.
e) Eemalda supist loorberileht.
f) Kasuta blenderit või tõsta osa supist blenderisse ja blenderda ühtlaseks massiks.
g) Tõsta segatud supp tagasi potti ja sega hulka murendatud Cotija juust, kuni see on sulanud ja segunenud.
h) Maitse ja vajadusel kohanda maitseainet.
i) Serveeri läätse ja Cotija suppi kuumalt, kaunistatud värske peterselliga.

SALATID

67. Grillitud Romaine Ensalada Caesar con Miso

KOOSTISOSAD:

KRUUTONIDE KOHTA:
- 3 paksu viilu maaleiba, lõigatud 1-tollisteks (2,5 cm) kuubikuteks
- ½ tassi (120 ml) ekstra neitsioliiviõli
- Meresool ja värskelt jahvatatud must pipar

RIIDEMISEKS:
- 2 küüslauguküünt, purustatud pastaks
- 2 supilusikatäit Dijoni sinepit
- 2 spl mahedat valget misot
- 2 suurt munakollast
- ¼ tassi (120 ml) värsket laimimahla
- 1 tl Worcestershire'i kastet
- ¼ tl värskelt jahvatatud musta pipart, lisaks veel maitse järgi
- 1 tass (240 ml) ekstra neitsioliiviõli
- ½ tassi (60 g) riivitud kodujuustu
- Meresool

SALATI JA GARNISEERIMISEKS:
- 2 suurt pead Rooma salat
- Ekstra-neitsioliiviõli, tilgutamiseks
- Riivitud kodujuust, serveerimiseks
- Värskelt jahvatatud must pipar, serveerimiseks

JUHISED:
TEE KROOTONID:
a) Kuumuta ahi temperatuurini 400 °F (200 °C).
b) Sega suures kausis kokku saiakuubikud ja oliiviõli. Lisage maitse järgi soola ja pipart ning segage uuesti.
c) Tõsta saiakuubikud ahjuplaadile, laotades need ühtlase kihina.
d) Küpsetage 8–10 minutit, segage ja naaske ahju veel 8 minutiks või kuni see on kuldne ja krõbe. Tõsta pann kõrvale ja lase krutoonidel toatemperatuurini jahtuda.
e) Valmistage kaste: keskmises kausis püreestage kahvliga küüslaugupasta, Dijon ja miso ühtlaseks massiks. Lisa munakollased ja vahusta tugevalt, kuni munakollased on täielikult segunenud ja ühtlane.
f) Lisage laimimahl, Worcestershire'i kaste ja pipar ning vahustage uuesti.
g) Valage pidevalt vahustades väga aeglaselt oliiviõli, kuni see on täielikult kastmes emulgeeritud. Sega juurde cotija ja maitsesta maitsestamist. (Miso tõttu ei pruugi te üldse soola vajada, kuid vajadusel lisage julgelt.) Kata ja jahuta kaste serveerimiseks.

TEE SALAT:
h) Käivitage söe- või gaasigrill. Gaas tuleks seada keskmisele tasemele. Kui kasutate pelletigrilli, eelsoojendage grill 175 °C (350 °F) juures vähemalt 15 minutit. Süsi kasutamisel peaksid söed olema punased, kuid üleni halli tuhaga kaetud.
i) Eemaldage salatilt kõik närbunud või pruunistunud välimised lehed. Lõika maha vaid veidi juureotstest (liiga palju ja pead lagunevad) ja lõika salatipead pikuti pooleks. Nirista salatipoolikud rohkelt oliiviõliga üle.
j) Grilli salatit, lõikepool all, 5 minutit otsesel kuumusel, kuni see on kenasti söestunud.
k) Pere stiilis serveerimiseks lõigake grillsalati pooled risti 4-tollisteks (10 cm) tükkideks ja asetage need serveerimisvaagnale. Määri pealt rikkalikult kastmega ja seejärel puista peale krutoonid.
l) Puista kõige peale cotija, millele järgneb mitu pipratükki ja serveeri kohe.

68.Arbuusisalat Cotija ja Serranoga

KOOSTISOSAD:
- ⅓ tassi laimimahla (3 laimi)
- 2 sibulat, valged ja rohelised osad eraldatud ja õhukesteks viiludeks
- 2 serrano tšillit, varred, poolitatud, seemnetega ja õhukesteks viiludeks lõigatud
- 1-2 supilusikatäit suhkrut (valikuline)
- ¾ tl lauasoola
- 6 tassi 1½-tollisi seemneteta arbuusitükke
- 3 untsi cotija juustu, purustatud (¾ tassi), jagatud
- 5 supilusikatäit hakitud värsket koriandrit, jagatud
- 5 supilusikatäit tükeldatud röstitud, soolatud pepitasid, jagatud

a) Sega suures kausis laimimahl, sibulavalged ja serranod ning lase 5 minutit seista. Sega juurde suhkur, kui kasutad, ja sool.
b) Lisage arbuus, ½ tassi cotija, ¼ tassi koriandrit, ¼ tassi pepitat ja talisibularoheline ning segage.
c) Tõsta madalasse serveerimisnõusse.
d) Puista peale ülejäänud ¼ tassi cotija, ülejäänud 1 supilusikatäis koriandrit ja ülejäänud 1 spl pepitat ning serveeri.

69.Pinto oa, ancho ja veiseliha salat

KOOSTISOSAD:
- 1 tass punase veini äädikat
- ⅓ tassi suhkrut
- 1¼ teelusikatäit lauasoola, jagatud
- 4 untsi poblano tšillit, varrega, seemnetega ja ⅛ tolli paksusteks viiludeks
- 1 (1-naeline) seelikupraad, kärbitud ja kolmandikudeks lõigatud
- 2 tl ancho tšilli pulbrit
- ¾ tl pipart, jagatud
- 2 spl taimeõli, jagatud
- 2 (15 untsi) purki pintoube, loputatud
- 12 untsi jicama, kooritud ja riivitud (1½ tassi)
- ½ tassi peeneks hakitud punast sibulat
- ¼ tassi hakitud värskeid koriandri lehti ja varsi, lisaks piserdamiseks
- 3 spl laimimahla (2 laimi)
- 1½ untsi cotija juustu, purustatud (⅓ tassi)
- ½ untsi magustamata šokolaadi, peeneks hakitud (valikuline)

a) Mikrolaineäädikas, suhkur ja ¼ teelusikatäit soola keskmises kausis keemiseni, 3–4 minutit. Vahusta jääksuhkru ja soola lahustamiseks, seejärel sega hulka poblanos. Laske seista aeg-ajalt segades 30 minutit. Nõruta ja tõsta kõrvale.

b) Samal ajal kuivata praad paberrätikutega, seejärel puista peale tšillipulber, ¼ tl pipart ja ½ tl soola. Kuumuta 1 sl õli 12-tollisel pannil keskmisel kõrgel kuumusel, kuni see suitseb.

c) Lisa praad ja küpseta, kuni liha on hästi pruunistunud ja liha on 120–125 kraadi (keskmiselt harva), umbes 2 minutit mõlema poole kohta. Tõsta praad lõikelauale, kanti alumiiniumfooliumiga ja lase 5 minutit puhata.

d) Segage õrnalt oad, jicama, sibul, koriander, laimimahl, ülejäänud ½ tl soola, ülejäänud ½ tl pipart ja ülejäänud 1 spl õli, seejärel tõsta serveerimisvaagnale.

e) Viiluta praad õhukeseks tera vastu ja aseta salati peale.

f) Puista üle cotijaga; šokolaad, kui kasutate; poblanos; ja ekstra koriandrit. Serveeri.

70.Tomatisalat grillleivaga

KOOSTISOSAD:
- 3 naela. tomatid, tükkideks lõigatud
- 1 kurk, kooritud ja viilutatud
- 4-untsine purustatud Cotija juustu konteiner
- ¼ tassi balsamico äädikat
- ¼ teelusikatäit soola
- ¼ teelusikatäit pipart
- 8 paksu viilu koorivat Itaalia leiba, kuubikuteks
- 2 tassi arbuusi, lõigatud ½-tollisteks kuubikuteks
- 1 punane sibul, väga õhukeseks viilutatud ja rõngasteks eraldatud
- 3,8-untsine purk viilutatud musti oliive, nõrutatud
- ¼ tassi pluss ½ teelusikatäit oliiviõli
- ½ tassi värsket basiilikut, rebitud

JUHISED:
a) Kombineerige suures serveerimisnõus tomatid, kurk, juust, äädikas, sool ja pipar.

b) Toss segada; katke ja jahutage üks tund. Aseta saiakuubikud määrimata ahjuplaadile.

c) Küpseta 350 kraadi juures 5 minutit või kuni see on kergelt kuldne.

d) Serveerimisel lisa tomatisegule saiakuubikud ja ülejäänud ained. Viska väga kergelt läbi ja serveeri.

71.Vahemere gnocchi salat

KOOSTISOSAD:
- 1 kilo kartuli-gnocchit
- 1 tass kurki, tükeldatud
- 1 tass kirsstomateid, poolitatud
- ½ tassi Kalamata oliive, kivideta ja poolitatud
- ¼ tassi punast sibulat, õhukeselt viilutatud
- Cotija juust, murendatud
- Värske petersell, hakitud
- Sidrunivinegreti kaste

JUHISED:
a) Küpseta gnocchi vastavalt pakendi juhistele, seejärel nõruta ja tõsta kõrvale.
b) Sega suures kausis omavahel keedetud gnocchi, kurk, kirsstomatid, Kalamata oliivid, punane sibul, murendatud Cotija juust ja hakitud petersell.
c) Piserdage sidrunivinegretikastmega ja segage õrnalt.
d) Vajadusel reguleeri maitsestamist.
e) Serveerige Vahemere gnocchi salatit elava ja maitsva valikuna.

72.Spinati ja Cotija Gnocchi salat

KOOSTISOSAD:
- 1 kilo kartuli-gnocchit
- Värsked spinati lehed
- Cotija juust, murendatud
- Kirsstomatid, poolitatud
- Punane sibul, õhukeselt viilutatud
- Röstitud piiniaseemned
- Balsamico vinegreti kaste
- Sool ja pipar maitse järgi

JUHISED:
a) Küpseta gnocchi vastavalt pakendi juhistele, seejärel nõruta ja tõsta kõrvale.
b) Sega suures kausis kokku värsked spinatilehed, murendatud Cotija juust, poolitatud kirsstomatid, õhukeselt viilutatud punane sibul ja röstitud piiniaseemned.
c) Lisa kaussi keedetud gnocchi ja nirista peale balsamico vinegreti kaste.
d) Maitsesta soola ja pipraga.
e) Loksutage õrnalt, et kõik koostisosad seguneksid.
f) Kerge ja toitva variandina serveeri spinati ja Cotija gnocchi salatit.

73. Spargli ja kinoa salat

KOOSTISOSAD:
- 1 hunnik sparglit
- 1 tass keedetud kinoat
- 1/4 tassi hakitud värskeid ürte (nt petersell, piparmünt või basiilik)
- 1/4 tassi murendatud Cotija juustu
- 2 spl sidrunimahla
- 2 spl ekstra neitsioliiviõli
- Sool ja pipar maitse järgi
- Valikulised lisandid: kirsstomatid, tükeldatud kurk, viilutatud punane sibul

JUHISED:
a) Lõika spargli kõvad otsad ja lõika hammustusesuurusteks tükkideks.
b) Aurutage või blanšeerige spargel pehmeks. Nõruta ja lase jahtuda.
c) Segage suures kausis keedetud kinoa, hakitud värsked ürdid, murendatud Cotija juust, jahutatud spargel ja kõik lisandid.
d) Nirista peale sidrunimahla ja ekstra neitsioliiviõli.
e) Maitsesta soola ja pipraga maitse järgi.
f) Segage õrnalt, et kõik koostisosad seguneksid.
g) Serveerige spargli- ja kinoasalatit täisväärtusliku ja rahuldava toiduna.

74.Homaari , Cotija ja Raviooli salat

KOOSTISOSAD:
SALATI JAOKS:
- 8 untsi keedetud homaariliha, tükeldatud
- 8 untsi keedetud juustu ravioolid
- 1 tass kirsstomateid, poolitatud
- 1 tass rukolat või segatud salatirohelist
- ¼ tassi punast sibulat, õhukeselt viilutatud
- ¼ tassi viilutatud musti oliive
- ¼ tassi murendatud Cotija juustu
- Kaunistuseks värsked basiilikulehed

RIIDEMISEKS:
- 3 spl ekstra neitsioliiviõli
- 1 spl sidrunimahla
- 1 tl Dijoni sinepit
- 1 küüslauguküüs, hakitud
- Sool ja pipar maitse järgi

JUHISED:
a) Küpseta ravioolid vastavalt pakendi juhistele. Nõruta ja tõsta kõrvale jahtuma.
b) Segage suures segamiskausis tükeldatud homaari liha, keedetud ravioolid, kirsstomatid, rukola või segatud salatirohelised, punane sibul ja mustad oliivid. Segamiseks segage õrnalt.
c) Kastme valmistamiseks vispelda väikeses kausis oliiviõli, sidrunimahl, Dijoni sinep, hakitud küüslauk, sool ja pipar.
d) Vala kaste salatile ja sega, kuni kõik koostisosad on kaetud.
e) Puista salatile murendatud Cotija juust ja sega uuesti õrnalt läbi.
f) Jaga homaari ja ravioolide salat serveerimistaldrikutele.
g) Kaunista värskete basiilikulehtedega.
h) Serveeri salatit kohe kerge ja värskendava einena.

75.Puu-ahju Caesari salat

KOOSTISOSAD:
SALAT
- 2 tervet kalliskivisalatit, poolitatud pikuti
- 8 rasherit suitsutatud triibulist peekonit
- 2 untsi krutoone
- 2 untsi Cotija
- 2 sidrunit, poolitatud
- 2 spl parmesani, raseeritud

RIIDEMINE
- 1 küüslauguküüs, purustatud
- 2 anšoovist, peeneks hakitud
- 5 supilusikatäit majoneesi
- 1 spl valge veini äädikat

JUHISED:
a) Lisa segamisnõusse kõik kastme koostisosad ja vahusta ühtlaseks massiks.
b) Kuumuta Grizzleri pann puuahjus.
c) Eemaldage Grizzler puidust ahjust ja lisage pannile peekon.
d) Küpseta kolm minutit oma puuahjus või kuni peekon on krõbedaks muutunud.
e) Tõsta pann tulelt ja aseta Grizzleri peekoni peale poolitatud salatid ja sidrunid.
f) Küpseta ahjus 1 minut või kuni salati ja sidrunite alumisele küljele ilmuvad chargrill-märgid.
g) Eemaldage panni sisu ja asetage need serveerimisalusele.
h) Lisa salatile murenenud Cotija, rikkalik tilk kastet ja peotäis krõmpsuvaid krutoone.

76. Hibiscus Quinoa salat

KOOSTISOSAD:
- 1 tass keedetud kinoat
- ½ tassi hibiski teed (tugevalt keedetud ja jahutatud)
- 1 tass kirsstomateid, poolitatud
- ½ tassi kurki, tükeldatud
- ¼ tassi punast sibulat, peeneks hakitud
- ¼ tassi murendatud Cotija juustu
- 2 spl hakitud värsket peterselli
- 2 spl sidrunimahla
- 2 spl ekstra neitsioliiviõli
- Sool ja pipar, maitse järgi

JUHISED:
a) Segage suures kausis keedetud kinoa, hibiskitee, kirsstomatid, kurk, punane sibul, murendatud Cotija juust ja hakitud värske petersell.
b) Vahusta väikeses kausis sidrunimahl, oliiviõli, sool ja pipar.
c) Vala kaste kinoasalatile ja sega õrnalt läbi.
d) Lase salatil umbes 15 minutit seista, et maitsed seguneksid. Vajadusel reguleeri maitsestamist.
e) Serveerige hibiskiga infundeeritud kinoasalatit värskendava lisandina või lisage grillkana, krevette või kikerherneid, et see oleks täielik eine.

77.Arbuus Redise Mikrorohelised salatiga

KOOSTISOSAD:
- 1 supilusikatäis palsamiäädikat
- Soola maitse järgi
- Peotäis redise mikrorohelisi
- 2 supilusikatäit ekstra neitsioliiviõli
- 1 viil arbuusi
- 2 supilusikatäit hakitud mandleid
- 20 g Cotija juustu , murendatud

JUHISED:
a) Asetage oma arbuus taldrikule.
b) Määri Cotija juust ja mandlid arbuusi peale.
c) Nirista neile ekstra neitsioliiviõli ja palsamiäädikat.
d) Lisage peale mikrorohelised.

78.Minty arbuusi salat

KOOSTISOSAD:
- 4 tassi kuubikuteks lõigatud arbuusi
- ¼ tassi murendatud Cotija juustu
- ¼ tassi hakitud värskeid piparmündi lehti
- 2 spl balsamico glasuuri
- Sool ja pipar maitse järgi

JUHISED:
a) Viska suures kausis kokku kuubikuteks lõigatud arbuus, murendatud Cotija juust ja hakitud piparmündilehed.
b) Nirista salatile balsamicoglasuuri ning maitsesta soola ja pipraga.
c) Serveeri arbuusisalat jahutatult.
d) Nautige!

79.Mündi ja apelsini salat

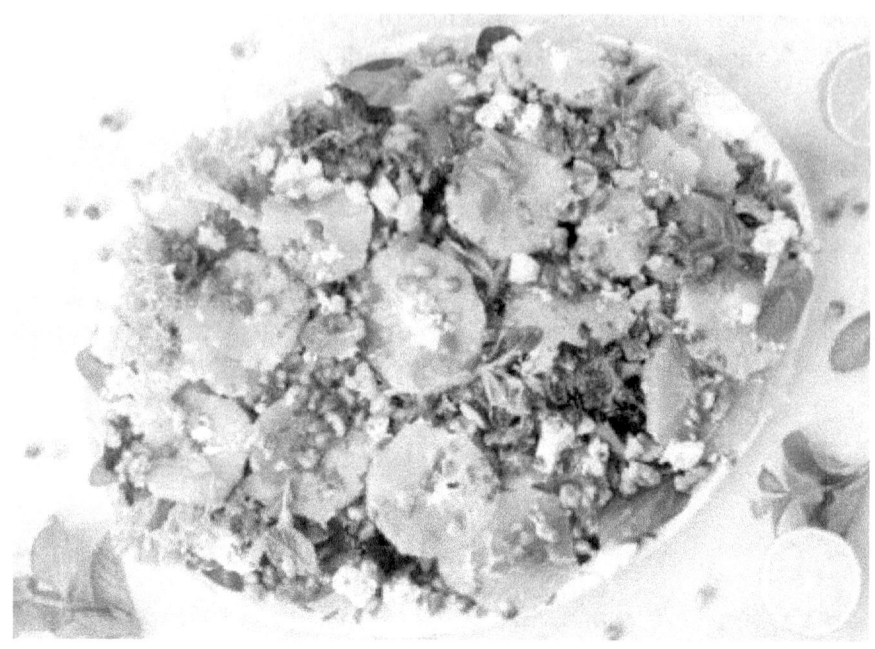

KOOSTISOSAD:
- 4 tassi segatud salatirohelist
- 2 apelsini, kooritud ja viilutatud
- ¼ tassi murendatud Cotija juustu
- ¼ tassi hakitud värskeid piparmündi lehti
- 2 spl oliiviõli
- 2 spl apelsinimahla
- Sool ja pipar maitse järgi

JUHISED:
a) Viska suures kausis kokku segatud salatirohelised, viilutatud apelsinid, murenenud Cotija juust ja hakitud piparmündilehed.
b) Vahusta eraldi kausis oliiviõli, apelsinimahl, sool ja pipar, kuni need on hästi segunenud.
c) Nirista kaste salatile ja viska peale.
d) Serveeri kohe piparmündi- ja apelsinisalatit.
e) Nautige!

80.Päikesekuivatatud tomati ja cotija salat

KOOSTISOSAD:
- 4 tassi segatud rohelisi
- ½ tassi tükeldatud päikesekuivatatud tomateid
- ½ tassi murendatud Cotija juustu
- ¼ tassi viilutatud punast sibulat
- ¼ tassi viilutatud mandleid
- Sool ja pipar maitse järgi
- Balsamico vinegrett

JUHISED:
a) Sega suures kausis segatud rohelised, tükeldatud päikesekuivatatud tomatid, murendatud Cotija juust, viilutatud punane sibul ja viilutatud mandlid.
b) Maitsesta soola ja pipraga maitse järgi.
c) Nirista salatile balsamico vinegretti ja sega kokku.
d) Serveeri kohe.

81.Grillitud arbuusisalat

KOOSTISOSAD:
- 4 paksu arbuusi viilu, koor eemaldatud
- 4 tassi rukolat
- ½ tassi purustatud Cotija juustu
- ¼ tassi hakitud piparmündi lehti
- ¼ tassi balsamico glasuuri

JUHISED:
a) Kuumuta grill kõrgele kuumusele.
b) Grilli arbuusiviile mõlemalt poolt 1-2 minutit, kuni need on kergelt söestunud.
c) Laota rukola serveerimisvaagnale.
d) Tõsta peale grillitud arbuusiviilud, murendatud Cotija juust ja hakitud piparmündilehed.
e) Nirista peale balsamico glasuur ja serveeri.

82.Grillitud virsiku ja rukola salat

KOOSTISOSAD:
- 3 virsikut poolitatuna ja kivideta
- 4 tassi rukolat
- ¼ tassi hakitud värsket piparmünti
- ¼ tassi murendatud Cotija juustu
- 2 spl palsamiäädikat
- 2 spl oliiviõli
- Sool ja must pipar

JUHISED:
a) Kuumuta grill keskmisel-kõrgel kuumusel.
b) Pintselda virsikupoolikud oliiviõliga ning maitsesta soola ja musta pipraga.
c) Grilli virsikupoolikuid 2-3 minutit mõlemalt poolt või kuni grillimisjäljed ilmuvad.
d) Eemaldage grillilt ja laske jahtuda.
e) Lõika grillitud virsikud suupistesuurusteks tükkideks.
f) Sega suures kausis rukola, grillitud virsikutükid, hakitud piparmünt ja murendatud Cotija juust.
g) Vispelda väikeses kausis kokku palsamiäädikas ja oliiviõli.
h) Nirista palsamiviinerit salatile ja sega kokku.
i) Maitsesta soola ja musta pipraga maitse järgi.
j) Serveeri kohe.

83.Draakoni puuviljade ja kinoa salat

KOOSTISOSAD:
- 1 draakoni vili
- 2 tassi keedetud kinoat
- ½ tassi murendatud Cotija juustu
- ½ tassi hakitud kurki
- ½ tassi tükeldatud kirsstomateid
- 2 spl hakitud värsket piparmünti
- 2 spl oliiviõli
- 1 spl mett
- Sool ja pipar maitse järgi

JUHISED:
a) Lõika draakonivili pooleks ja eemalda viljaliha.
b) Segage suures kausis kinoa, Cotija juust, kurk, kirsstomatid ja piparmünt.
c) Vahusta eraldi kausis oliiviõli, mesi, sool ja pipar.
d) Voldi kaste kinoa segusse, kuni see on hästi segunenud.
e) Voldi sisse draakoni viljaliha.
f) Serveeri jahutatult salati- või segarohelisepeenral.

84.Amaretto maasikasalat

KOOSTISOSAD:
- 4 tassi beebispinatit
- 1 pint värskeid maasikaid, viilutatud
- ¼ tassi viilutatud mandleid
- ¼ tassi murendatud Cotija juustu
- 2 spl palsamiäädikat
- 1 spl mett
- 1 spl amaretto likööri

JUHISED:
a) Sega suures kausis beebispinat, viilutatud maasikad, viilutatud mandlid ja murendatud Cotija juust.

b) Klopi eraldi väikeses kausis kokku palsamiäädikas, mesi ja amaretto liköör.

c) Nirista kaste salatile ja sega õrnalt läbi.

85. Peterselli-kurgi salat Cotijaga

KOOSTISOSAD:
- 1 supilusikatäis granaatõuna melassi
- 1 spl punase veini äädikat
- ¼ tl lauasoola
- ⅛ teelusikatäis pipart
- Näputäis cayenne'i pipart
- 3 supilusikatäit ekstra neitsioliiviõli
- 3 tassi värskeid peterselli lehti
- 1 inglise kurk, poolitatud pikuti ja viilutatud õhukesteks
- 1 tass kreeka pähkleid, röstitud ja jämedalt hakitud, jagatud
- 1 tass granaatõunaseemneid, jagatud
- 4 untsi Cotija juustu, õhukeseks viilutatud

JUHISED:
a) Vahusta granaatõunamelass, äädikas, sool, pipar ja cayenne suures kausis. Pidevalt vahustades nirista aeglaselt õlisse, kuni see on emulgeeritud.
b) Lisa petersell, kurk, ½ tassi kreeka pähkleid ja ½ tassi granaatõunaseemneid ning viska katteks. Maitsesta soola ja pipraga maitse järgi.
c) Tõsta serveerimisvaagnale ja raputa peale Cotija, ülejäänud ½ tassi kreeka pähkleid ja ülejäänud ½ tassi granaatõunaseemneid.
d) Serveeri.

86.Sügisalat Goji marjadega

KOOSTISOSAD:
SALATI JAOKS:
- 1 5oz pakk beebispinatit
- 5 untsi Cotija juustu murenemist
- ¾ tassi pekanipähkli poolikuid
- 1 Granny Smithi roheline õun, tükeldatud ja südamik
- 2 untsi pakk Goji marju

RIIDEMISEKS:
- ¼ tassi EVOO-d
- ¼ tassi õunasiidri äädikat
- ¼ tassi mett
- ¼ teelusikatäit meresoola
- ¼ teelusikatäit pipart

JUHISED:

a) Lisage suurde salatikaussi spinat ja lisage Cotija, pekanipähkli, õuna ja goji marjad.

b) Lisage väikesesse klaaspurki EVOO, õunasiidri äädikas, mesi, sool ja pipar.

c) Pane purgile kaas peale ja loksuta tugevalt, kuni segu on segunenud.

d) Vala kaste salatile.

e) Nautige!

MAGUSTOIT

87. Serrano ja Cotija Flan

KOOSTISOSAD:
- 1 9-tolline hapukoor
- 1 tass rasket koort
- 1/2 tassi täispiima
- 3/4 tassi murendatud kodujuustu
- 4 suurt muna
- 1-2 serrano paprikat, seemnetest puhastatud ja peeneks hakitud

JUHISED:
a) Kuumuta ahi temperatuurini 350 ° F.
b) Vahusta suures segamiskausis koor, piim, murendatud kodujuust, munad ja peeneks hakitud serrano paprika.
c) Vala segu ettevalmistatud hapukoorele ja küpseta 40-45 minutit või kuni keskosa on tahenenud.
d) Lase enne serveerimist täielikult jahtuda.

88.Cotija juustukook Mango Coulisega

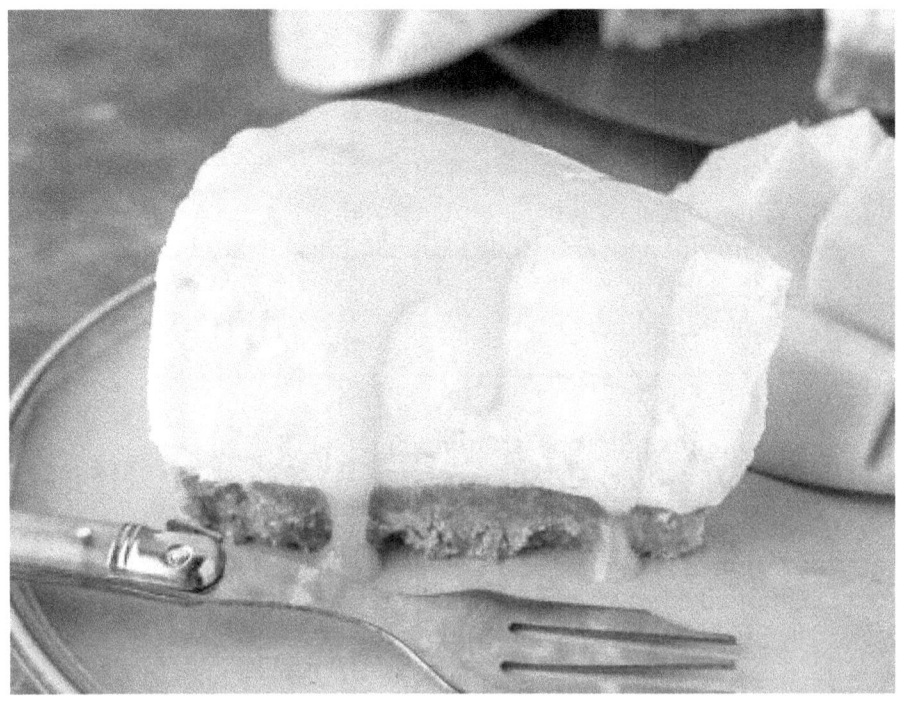

KOOSTISOSAD:
- 1 tass Cotija juustu, purustatud
- 2 tassi grahami kreekeripuru
- 1/2 tassi soolata võid, sulatatud
- 1 tass toorjuustu, pehmendatud
- 1/2 tassi suhkrut
- 2 muna
- 1 tl vaniljeekstrakti
- 1 küps mango, kooritud ja kuubikuteks lõigatud
- 2 spl suhkrut
- 1 spl sidrunimahla

JUHISED:
a) Kuumuta ahi temperatuurini 350 °F (175 °C).
b) Sega kausis Grahami kreekeripuru ja sulatatud või. Suru segu vedruvormi põhja, et tekiks koorik.
c) Vahusta teises kausis toorjuust ja suhkur ühtlaseks. Lisa ükshaaval munad, pärast iga lisamist korralikult vahustades. Sega juurde Cotija juust ja vaniljeekstrakt.
d) Vala toorjuustusegu koorikule ja aja ühtlaselt laiali.
e) Küpseta 40-45 minutit või kuni keskosa on peaaegu tahenenud.
f) Juustukoogi küpsemise ajal valmista mango coulis, segades kuubikuteks lõigatud mango, suhkur ja sidrunimahl ühtlaseks massiks.
g) Kui juustukook on valmis, laske sellel täielikult jahtuda, enne kui asetate külmikusse vähemalt 4 tunniks.
h) Serveeri Cotija juustukoogi viilud, mis on niristatud mango coulis'iga.

89. Cotija jäätis karamelliseeritud ananassiga

KOOSTISOSAD:
- 1 tass Cotija juustu, purustatud
- 2 tassi rasket koort
- 1 tass täispiima
- 3/4 tassi suhkrut
- 6 munakollast
- 1 tl vaniljeekstrakti
- 1 küps ananass, kooritud ja kuubikuteks lõigatud
- 1/4 tassi pruuni suhkrut
- 2 spl soolata võid

JUHISED:
a) Kuumuta potis koort, täispiima ja suhkrut keskmisel kuumusel, kuni suhkur lahustub ja segu on soe.
b) Vahusta kausis munakollased. Vispelda vähehaaval juurde osa soojast kooresegust, et munad karastada.
c) Vala munasegu tagasi kastrulisse. Küpseta keskmisel kuumusel pidevalt segades, kuni segu pakseneb ja katab lusika seljaosa.
d) Eemaldage tulelt ja segage Cotija juustu ja vaniljeekstraktiga, kuni juust on sulanud ja segu on ühtlane.
e) Kurna segu läbi peene sõela puhtasse kaussi. Katke ja jahutage külmkapis vähemalt 4 tundi.
f) Samal ajal kuumuta võid pannil keskmisel kuumusel. Lisa kuubikuteks lõigatud ananass ja fariinsuhkur. Küpseta, kuni ananass on karamelliseerunud ja pehme, umbes 8-10 minutit.
g) Klopi jahutatud jäätisesegu jäätisemasinasse vastavalt tootja juhistele.
h) Serveeri kulbikesed Cotija jäätist, mille peal on karamelliseeritud ananass.

90.Cotija ja Fig Tart

KOOSTISOSAD:
- 1 leht lehttainast, sulatatud
- 1 tass Cotija juustu, purustatud
- 6-8 värsket viigimarja, viilutatud
- 2 supilusikatäit mett
- 1/4 tassi hakitud kreeka pähkleid
- Kaunistuseks värsked tüümianilehed

JUHISED:
a) Kuumuta ahi temperatuurini 400 °F (200 °C).
b) Rulli lehttainas küpsetuspaberiga kaetud ahjuplaadil lahti.
c) Puista saiale ühtlaselt Cotija juustu, jättes servade ümber äärise.
d) Aseta juustu peale viilutatud viigimarjad.
e) Nirista viigimarjadele mett ja puista peale hakitud kreeka pähkleid.
f) Küpseta 20-25 minutit või kuni küpsetis on kuldpruun ja paisunud.
g) Võta ahjust välja ja lase enne serveerimist veidi jahtuda.
h) Kaunista värskete tüümianilehtedega enne Cotija viilude ja viigimarjade serveerimist.

91.Spinat ja Cotija Puffs

KOOSTISOSAD:
- 1 leht lehttainast, sulatatud
- 1 tass värsket spinatit, hakitud
- ½ tassi murendatud Cotija juustu
- ¼ tassi tükeldatud päikesekuivatatud tomateid
- 1 muna, lahtiklopitud
- Sool ja pipar maitse järgi

JUHISED:
a) Kuumuta ahi temperatuurini 400 °F (200 °C).
b) Rulli lehttainas kergelt jahusel pinnal umbes ¼ tolli paksuseks.
c) Lõika lehttainas 9 võrdseks ruuduks.
d) Sega kausis kokku spinat, Cotija juust, päikesekuivatatud tomatid, sool ja pipar.
e) Tõsta igale lehttaignaruudule umbes 1 supilusikatäis spinatisegu.
f) Murra lehttaigna nurgad üles ja täidise peale, suru servad tihendamiseks kokku.
g) Määri iga lehttaigen lahtiklopitud munaga.
h) Küpseta 15-20 minutit kuldpruuniks.

92. Cotija & ricotta juustu fondüü

KOOSTISOSAD:
- 3 supilusikatäit võid või margariini
- 4 untsi Cotija juustu, kuubikuteks
- ⅛ teelusikatäis pipart, must
- 1 sidrun, mahl
- 1 spl petersell, hakitud
- 1 tass Ricotta juustu

JUHISED:
a) Sulata või raskes 8-tollises pannil või 1-liitrises kastrulis madala kuumusel.

b) Lisa Cotija ja ricotta juust ning pipar. Küpseta pidevalt segades ja juustu kergelt püreestades, kuni need pehmenevad ja hakkavad mullitama – umbes 5 minutit.

c) Sega juurde sidrunimahl ja soovi korral kaunista peterselliga. Serveeri korraga; kui fondüü jahtub, kaotab see maitse.

93.Ürdipirukas

KOOSTISOSAD:
- 2 spl oliiviõli, lisaks veel saia pintseldamiseks
- 1 suur sibul, tükeldatud
- 1 nael / 500 g Šveitsi mangold, varred ja lehed peeneks hakitud
- 5 untsi / 150 g sellerit, õhukeselt viilutatud
- 1¾ untsi / 50 g rohelist sibulat, hakitud
- 1¾ untsi / 50 g rukolat
- 1 unts / 30 g lamedate lehtedega peterselli, hakitud
- 1 unts / 30 g piparmünt, hakitud
- ¾ untsi / 20 g tilli, hakitud
- 4 untsi / 120 g anari- või ricotta juustu, purustatud
- 3½ untsi / 100 g laagerdunud Cheddari juustu, riivitud
- 2 untsi / 60 g Cotija juustu, purustatud
- 1 sidruni riivitud koor
- 2 suurt vabapidamisel peetavat muna
- ⅓ tl soola
- ½ tl värskelt jahvatatud musta pipart
- ½ tl ülipeent suhkrut
- 9 untsi / 250 g filo tainast

JUHISED:

a) Kuumuta ahi temperatuurini 400 °F / 200 °C. Valage oliiviõli suurele sügavale praepannile keskmisel kuumusel. Lisa sibul ja prae pruunistumata 8 minutit. Lisage mangoldi varred ja seller ning jätkake küpsetamist 4 minutit, aeg-ajalt segades. Lisa mangoldilehed, tõsta kuumust keskmisele kõrgele ja sega keetmise ajal 4 minutit, kuni lehed närbuvad. Lisa roheline sibul, rukola ja ürdid ning küpseta veel 2 minutit. Tõsta tulelt ja tõsta kurni jahtuma.

b) Kui segu on jahtunud, pigista välja nii palju vett kui saad ja tõsta segamisnõusse. Lisage kolm juustu, sidrunikoor, munad, sool, pipar ja suhkur ning segage hästi.

c) Laota välja filotainaleht ja pintselda seda veidi oliiviõliga.

d) Katke teise paberilehega ja jätkake samal viisil, kuni teil on õliga pintslitud 5 kihti filo, mis kõik katavad piisavalt suure ala, et vooderdada 8½-tollise / 22 cm pirukavormi küljed ja põhja, lisaks veel lisa, et rippuda üle ääre. .

e) Vooderda pirukavorm tainaga, täitke ürdiseguga ja voldi üleliigne tainas üle täidise serva, kärpige tainast vastavalt vajadusele, et tekiks ¾-tolline / 2 cm ääris.

f) Tee veel 5 õliga pintslitud filokihti ja aseta need piruka peale.

g) Murra tainast veidi üles, et tekiks laineline, ebaühtlane pealispind ja lõika servad nii, et see kataks piruka. Pintselda ohtralt oliiviõliga ja küpseta 40 minutit, kuni filo muutub kenasti kuldpruuniks.

h) Võta ahjust välja ja serveeri soojalt või toatemperatuuril.

94.Burekas

KOOSTISOSAD:
- 1 naela / 500 g parima kvaliteediga täisvõine lehttainas
- 1 suur vabapidamisel pekstud muna

RICOTTA TÄIDIS
- ¼ tassi / 60 g kodujuustu
- ¼ tassi / 60 g ricotta juustu
- ⅔ tassi / 90 murendatud Cotija juustu
- 2 tl / 10 g soolata võid, sulatatud

PECORINO TÄIDIS
- 3½ spl / 50 g ricotta juustu
- ⅔ tassi / 70 g riivitud laagerdunud pecorino juustu
- ⅓ tassi / 50 g riivitud laagerdunud Cheddari juustu
- 1 porrulauk, lõigatud 2-tollisteks / 5 cm tükkideks, blanšeeritud kuni pehmeks ja peeneks hakitud (¾ tassi / kokku 80 g)
- 1 spl hakitud lamedate lehtedega peterselli
- ½ tl värskelt jahvatatud musta pipart

SEEMNED
- 1 tl nigella seemneid
- 1 tl seesamiseemneid
- 1 tl kollaseid sinepiseemneid
- 1 tl köömneid
- ½ tl tšillihelbeid

JUHISED:

a) Rulli tainas kaheks 12-tolliseks / 30 cm suuruseks ruuduks, millest igaüks on ⅛ tolli / 3 mm paksune. Asetage kondiitriplaadi küpsetuspaberiga kaetud ahjuplaadile – need võivad olla üksteise peal, nende vahel on küpsetuspaberileht – ja jätke 1 tund külmikusse.

b) Asetage iga täidise koostisosade komplekt eraldi kaussi. Sega läbi ja tõsta kõrvale. Sega kõik seemned kausis kokku ja tõsta kõrvale.

c) Lõika iga kondiitrileht 4-tollisteks / 10 cm ruutudeks; kokku peaks saama 18 ruutu. Jaga esimene täidis ühtlaselt poolte ruutude vahel, lusikaga iga ruudu keskele. Pintselda iga ruudu kaks kõrvuti asetsevat serva munaga ja murra ruut pooleks, moodustades kolmnurga. Lükake õhk välja ja suruge küljed tugevalt kokku. Tahad servad väga hästi vajutada, et need küpsetamise ajal lahti ei avaneks. Korrake ülejäänud tainaruutude ja teise täidisega. Asetage küpsetuspaberiga kaetud ahjuplaadile ja jahutage külmkapis vähemalt 15 minutit, et see tahkuks. Kuumuta ahi temperatuurini 425 °F / 220 °C.

d) Määri iga saia kaks lühikest serva munaga ja kasta need servad seemnesegusse; Piisab vaid väikesest kogusest seemnetest, laiused ⅙ tolli / 2 mm, kuna need on üsna domineerivad. Pintselda iga taina pealmine osa ka munaga, vältides seemneid.

e) Veenduge, et küpsetised oleksid üksteisest umbes 1¼ tolli / 3 cm kaugusel.

f) Küpseta 15–17 minutit, kuni see on kõikjalt kuldpruun. Serveeri soojalt või toatemperatuuril.

g) Kui osa täidisest valgub küpsetamise ajal küpsetiste seest välja, toppige see õrnalt tagasi, kui need on käsitsemiseks piisavalt jahedad.

95. Vahemere juustutort

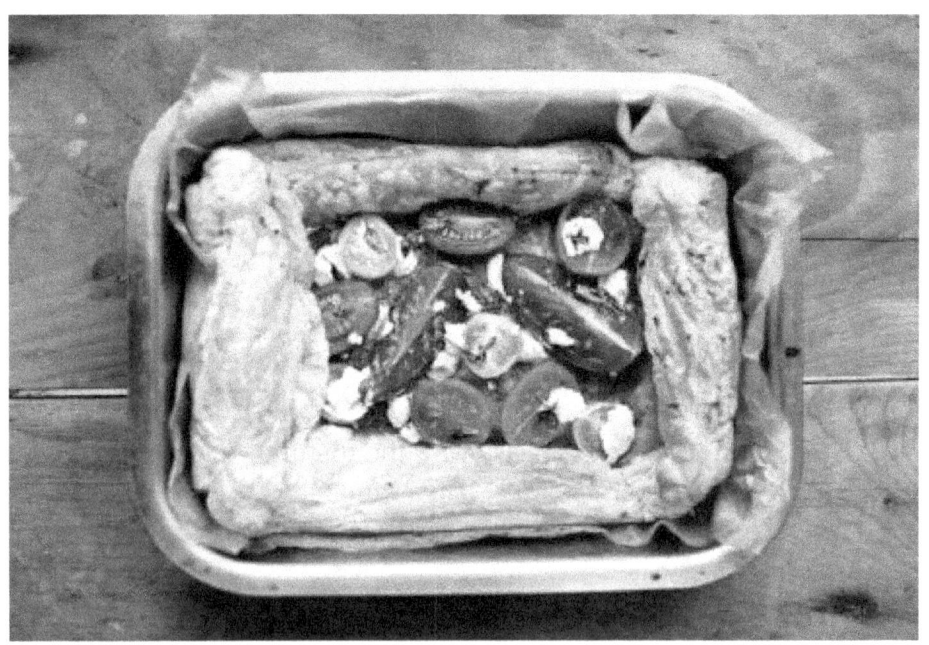

KOOSTISOSAD:
- 8 Külmutatud filotainalehed; sulatatud
- ¼ tassi Või; sulanud
- ¼ tassi Parmesani juust; riivitud
- ½ tassi Sibul; hakitud
- 1 teelusikatäis Värske rosmariin; lõikas
- ¼ teelusikatäit Kuivatatud rosmariin, purustatud)
- 1 supilusikatäis Oliiviõli
- 5 untsi Külmutatud hakitud spinat; sulatatud
- ⅓ tassi Röstitud piiniapähklid või kreeka pähklid
- 1 Muna
- 1 tass Ricotta juust
- ½ tassi Cotija juust; murenenud
- ¼ tassi Õlipakk päikesekuivatatud tomatid; kuivendatud
- ¼ teelusikatäit Jämedalt jahvatatud pipar
- 1 supilusikatäis Parmesani juust; riivitud

JUHISED:

a) Voldi lahti filo; katke kilega või niiske rätikuga, et vältida kuivamist. Kuivale tööpinnale asetage üks filoleht; pintselda võiga.

b) Tõsta peale teine filoleht, pintselda võiga ja puista peale 1 spl parmesani juustu. Korrake ülejäänud filolehtede, või ja parmesaniga. Lõika phyllo köögikääride abil 11-tolliseks ringiks.

c) Tõsta filo ühtlaselt ettevalmistatud pannile, vajadusel voldi ja jälgi, et filot ei rebeneks. Katke pann niiske rätikuga; kõrvale panema.

d) Täidiseks: küpseta sibulaid ja rosmariini keskmisel kastrulis oliiviõlis, kuni sibul on pehme. Sega hulka spinat ja piiniapähklid (või kreeka pähklid).

e) Laota filovoodriga vedruvormi pannile. Kõrvale panema.

f) Klopi muna keskmises segamisnõus kergelt lahti. Segage ricotta, Cotija, tomatid ja pipar. Laota ettevaatlikult spinatisegu peale. Puista peale 1 spl parmesani juustu.

g) Asetage vedruvorm ahjurestile madalale küpsetuspannile. Küpsetage 350-kraadises ahjus 35–40 minutit või kuni keskosa tundub raputamisel peaaegu hangunud.

h) Jahuta tort kevadises vormis restil 5 minutit. Lõdvendage panni küljed. Jahuta veel 15 kuni 30 minutit. Enne serveerimist eemalda vedruvormi küljed. Serveeri soojalt.

MAITSED JA KÜLJED

96.Laaditud kreeka friikartulid

KOOSTISOSAD:
- 4 suurt rusikast kartulit
- Taimeõli praadimiseks
- Soola maitse järgi
- 1 tass tzatziki kastet
- ½ tassi murendatud Cotija juustu
- Viilutatud Kalamata oliivid
- Tükeldatud kurgid
- Hakitud värske till

JUHISED:

a) Valmistage klassikalised omatehtud friikartulid.

b) Kui friikartulid on küpsed, tõsta need serveerimisnõusse ja puista peale soola.

c) Nirista tzatziki kastet ohtralt friikartulitele.

d) peale murendatud Cotija juust.

e) Laota friikartulitele viilutatud Kalamata oliivid ja kuubikuteks lõigatud kurgid.

f) Kaunista hakitud värske tilliga.

g) Serveeri kohe ja naudi maitsvat kreeka maitset

97.Jeruusalemma artišokk granaatõunaga

KOOSTISOSAD:
- 500 g Jeruusalemma artišokki
- 3 spl ekstra neitsioliiviõli
- 1 tl nigella seemneid
- 2 spl piinia pähkleid
- 1 spl mett
- 1 granaatõun, pikisuunas poolitatud
- 3 supilusikatäit granaatõuna melassi
- 3 spl Cotija, murendatud
- 2 spl lamedate lehtedega peterselli, hakitud
- Sool ja must pipar

JUHISED:

a) Kuumuta ahi temperatuurini 200C/400F/gaasimärk 6. Puhastage artišokid korralikult läbi ja seejärel poolitage või veerandige need olenevalt suurusest. Tõsta need ühe kihina suurele ahjuplaadile ja nirista peale 2 spl õli. Maitsesta korralikult soola ja pipraga ning puista seejärel nigella seemnetega. Rösti 20 minutit või kuni servad on krõbedad. Viimase 4 minuti jooksul lisa artišokkidele piiniaseemned ja mesi.

b) Vahepeal puista granaatõunaseemned välja. Lööge suure kausi ja raske puulusikaga iga poolitatud granaatõuna külgi, kuni kõik seemned on välja hüppanud. Eemaldage süsi. Valage mahl väikesesse kaussi ning lisage granaatõunasiirup ja ülejäänud oliiviõli. Segage kuni segunemiseni.

c) Kui artišokid ja piiniaseemned on valmis, tõsta lusikaga serveerimisvaagnale, millele on puistatud seemned. Vala kaste kõigele peale ning lõpetuseks puista serveerimiseks Cotija ja petersell.

98. Juustune artišoki pesto

KOOSTISOSAD:
- 2 tassi värskeid basiiliku lehti
- 2 supilusikatäit murendatud Cotija juustu
- ¼ tassi värskelt riivitud parmesani juustu ¼ tassi piiniaseemneid, röstitud
- 1 artišoki süda, jämedalt hakitud
- 2 supilusikatäit tükeldatud õliga pakitud päikesekuivatatud tomateid
- ½ tassi ekstra neitsioliiviõli
- 1 näputäis soola ja musta pipart maitse järgi

JUHISED:
a) Lisage suures köögikombainis kõik koostisosad, välja arvatud õli ja maitseained, ja pulbige, kuni need on ühendatud.
b) Kui mootor töötab aeglaselt, lisage õli ja pulseerige ühtlaseks.
c) Maitsesta soola ja musta pipraga ning serveeri.

99.Spinat ja kartulid

KOOSTISOSAD:
- 4 keskmist rusket kartulit, pestud
- 1 spl pune
- 1 spl oliiviõli, ekstra neitsi
- 3 küüslauguküünt, purustatud
- 1 tl koššersoola
- ⅓ tassi kerget toorjuustu
- 1 tass sibulat, tükeldatud
- 1 tl jahvatatud pipart
- 1 kilo spinatit, tükeldatud
- 1 tass murendatud Cotija juustu

JUHISED:
a) Kuumuta ahi 400 kraadini F.
b) Küpseta otse keskmisel restil, kuni see on pehme, 50–60 minutit.
c) I na kastrul, kuumuta õli.
d) Lisa sibul ja küpseta kuni sibul on pehme, 3 minutit.
e) Lisa spinat, küüslauk ja pune.
f) Küpseta pidevalt segades, kuni segu on kuum, umbes 4 minutit.
g) Korraldage 9 x 13-tollises pannil kartulikoored.
h) Vahusta toorjuust, pipar ja sool saumikseriga.
i) Segage spinati segu ja ½ tassi Cotija. Täida iga kartulikoor umbes ¾ tassi täidisega. Puista peale ülejäänud 1 spl Cotijat.
j) Küpseta, kuni kate suitseb ja Cotija on kuldpruun, 25–35 minutit.

100.Kõrvitsaseemnete pestokaste

KOOSTISOSAD:
- 1/4 tassi kooritud kõrvitsaseemneid (pepitas
- 1 hunnik koriandrit
- 1/4 tassi riivitud kodujuustu
- 4 küüslauguküünt
- 1 serrano tšillipipar, seemnetega
- 1/2 teelusikatäit soola
- 6 supilusikatäit oliiviõli

JUHISED:
a) Lisa kõrvitsaseemned köögikombaini kaussi ja tükelda kõik kaunviljadega ning sega oliiviõli, koriandri, soola, juustu, tšillipipra ja küüslauguga.
b) Püreesta segu ja serveeri pestot.
c) Nautige.

KOKKUVÕTE

Kui lõpetame oma kulinaarse teekonna läbi Cotija juustu maailma, loodame, et "Cotija Juustu Armastuseks" on inspireerinud teid oma köögis selle armastatud koostisosa rikkalikkust ja mitmekülgsust omaks võtma.

Kui teil on käeulatuses 100 maitsvat retsepti, olete kogenud Cotija juustu lisamise rõõmu laias valikus roogades, alates traditsioonilistest Mehhiko lemmikutest kuni uuenduslike kulinaarsete loominguteni. Olenemata sellest, kas olete nautinud juustulisi eelroogasid, rikkalikke pearoogasid või dekadentlikke magustoite, usume, et olete nautinud Cotija juustu seikluse iga hetke.

Kui jätkate Cotija juustuga toiduvalmistamise maailma avastamist, soovitame teil oma loovusel lennata lasta. Ükskõik, kas katsetate uusi maitsekombinatsioone või muudate klassikalisi retsepte omapäraselt, on Cotija juustuga toiduvalmistamise võimalused lõputud.

Täname, et liitusite meiega sellel maitsval teekonnal. Loodame, et "Cotija juustu armastuse eest" saab teie köögis hellitatud kaaslane, kes inspireerib maitsvaid toite ja unustamatuid kulinaarseid elamusi aastateks. Kuni taaskohtumiseni, olgu teie toidud Cotija juustu headusest rikkad. Buen provecho!

www.ingramcontent.com/pod-product-compliance
Lightning Source LLC
Chambersburg PA
CBHW070356120526
44590CB00014B/1158